CONTEÚDO DIGITAL PARA ALUNOS

Cadastre-se e transforme seus estudos em uma experiência única de aprendizado:

1 Entre na página de cadastro:
https://sistemas.editoradobrasil.com.br/cadastro

2 Além dos seus dados pessoais e dos dados de sua escola, adicione ao cadastro o código do aluno, que garantirá a exclusividade do seu ingresso à plataforma.

3994314A1107113

CB040647

3 Depois, acesse: https://leb.editoradobrasil.com.br/
e navegue pelos conteúdos digitais de sua coleção :D

Lembre-se de que esse código, pessoal e intransferível, é válido por um ano. Guarde-o com cuidado, pois é a única maneira de você acessar os conteúdos da plataforma.

Editora do Brasil

ASSIM EU APRENDO
Gramática

ORGANIZADORA: EDITORA DO BRASIL

3

Ensino Fundamental

5ª edição
São Paulo, 2022

Editora do Brasil

Dados Internacionais de Catalogação na Publicação (CIP)
(Câmara Brasileira do Livro, SP, Brasil)

Assim eu aprendo gramática 3 / organizadora Editora do Brasil. -- 5. ed. -- São Paulo : Editora do Brasil, 2022. -- (Assim eu aprendo)

ISBN 978-85-10-09362-0 (aluno)
ISBN 978-85-10-09360-6 (professor)

1. Língua portuguesa - Gramática (Ensino fundamental) I. Série.

22-112648   CDD-372.61

Índices para catálogo sistemático:

1. Língua portuguesa : Gramática : Ensino fundamental   372.61

Cibele Maria Dias - Bibliotecária - CRB-8/9427

abdr
ASSOCIAÇÃO BRASILEIRA DOS DIREITOS REPROGRÁFICOS
Respeite o direito autoral

5ª edição / 4ª impressão, 2025
Impresso na PifferPrint

Editora do Brasil

Avenida das Nações Unidas, 12901
Torre Oeste, 20º andar
São Paulo, SP – CEP: 04578-910
Fone: +55 11 3226-0211
www.editoradobrasil.com.br

© Editora do Brasil S.A., 2022
Todos os direitos reservados

Direção-geral: Vicente Tortamano Avanso

Direção editorial: Felipe Ramos Poletti
Gerência editorial de conteúdo didático: Erika Caldin
Gerência editorial de produção e design: Ulisses Pires
Supervisão de design: Dea Melo
Supervisão de arte: Abdonildo José de Lima Santos
Supervisão de revisão: Elaine Cristina da Silva
Supervisão de iconografia: Léo Burgos
Supervisão de digital: Priscila Hernandez
Supervisão de controle de processos editoriais: Roseli Said
Supervisão de direitos autorais: Marilisa Bertolone Mendes

Supervisão editorial: Diego da Mata
Edição: Claudia Padovani e Natalie Magarian
Assistência editorial: Gabriel Madeira Fernandes, Márcia Pessoa e Olivia Yumi Duarte
Revisão: Amanda Cabral, Andréia Andrade, Bianca Oliveira, Fernanda Sanchez, Gabriel Ornelas, Giovana Sanches, Jonathan Busato, Júlia Castello, Luiza Luchini, Maisa Akazawa, Mariana Paixão, Martin Gonçalves, Rita Costa, Rosani Andreani e Sandra Fernandes
Pesquisa iconográfica: Alice Matoso e Enio Lopes
Editora de arte: Josiane Batista
Design gráfico: Patrícia Lino
Capa: Andrea Melo e Patrícia Lino
Imagem de capa: Sandra Serra
Ilustrações: Agueda Horn, Artur Fujita, Bruna Ishihara, Claudia Marianno, Daniel Klein, Eduardo Belmiro, Erik Malagrino, Fernanda Monteiro, George Tutumi, Giz de Cera, Gutto Paixão, Henrique Brum, Ilustra Cartoon, Marcos Machado, Olivia Pinto, Roberto Weigand, Robson Olivieri Silva, Simone Ziasch e Vanessa Alexandre
Editoração eletrônica: NPublic/Formato Comunicação
Licenciamentos de textos: Cinthya Utiyama, Jennifer Xavier, Paula Harue Tozaki e Renata Garbellini
Controle de processos editoriais: Bruna Alves, Julia do Nascimento, Rita Poliane, Terezinha de Fátima Oliveira e Valéria Alves

APRESENTAÇÃO

Caro aluno,

Esta coleção de gramática foi elaborada para os cinco primeiros anos do Ensino Fundamental com base em nossa experiência em sala de aula, no dia a dia com as crianças.

Ela foi pensada para você, com o objetivo de conduzi-lo a uma aprendizagem simples e motivada.

A gramática é um importante instrumento de comunicação em diversas esferas. Portanto, estudá-la é indispensável para a comunicação eficaz.

O domínio da gramática ocorre principalmente por meio da prática contínua. Por isso apresentamos uma série de atividades variadas e interessantes. O conteúdo está organizado de tal modo que temos certeza de que seu professor ficará à vontade para aprofundar, de acordo com o critério dele, os itens que julgar merecedores de maior atenção conforme a receptividade da turma.

Acreditamos, assim, que esta coleção tornará o estudo da gramática bem agradável e útil tanto para você quanto para o professor.

Os organizadores

SUMÁRIO

Capítulo 1
Gramática 9
  Vogais e consoantes 9
Atividades 10
Ortografia 13
  Palavras com **ba**, **be**, **fa**, **fe**, **fi**, **fo**, **fu**, **pa**, **pe**, **ve** ou **vi** 13

Capítulo 2
Gramática 15
  Letras maiúsculas e minúsculas 15
Atividades 16
Ortografia 18
  Palavras com **m** ou **n** em final de sílaba 18

Capítulo 3
Gramática 23
  Encontro vocálico 23
Atividades 24
Ortografia 27
  Palavras com **o**, **ou**, **e** ou **ei** 27

Capítulo 4
Gramática 29
  Encontro consonantal 29
Atividades 30
Ortografia 33
  Palavras com **bl**, **cl**, **fl**, **gl**, **pl** ou **tl** 33

Capítulo 5
Gramática 35
  Dígrafos 35
Atividades 36

Ortografia 38
  Palavras com **lha**, **lhe**, **lhi**, **lho**, **lhu** ou **li** 38

Capítulo 6
Gramática 40
  Classificação das palavras quanto ao número de sílabas 40
Atividades 41
Ortografia 43
  Palavras com **al**, **el**, **il**, **ol** ou **ul** 43

Capítulo 7
Gramática 45
  Sílaba tônica 45
Atividades 47
Ortografia 48
  Palavras com **h** 48

Capítulo 8
Gramática 51
  Emprego da cedilha 51
Atividades 51
Ortografia 53
  Palavras com **ça**, **ce**, **ci**, **ço** ou **çu** 53

Capítulo 9
Gramática 55
  Acento agudo e acento circunflexo 55
Atividades 56
Ortografia 58
  Palavras com **l** ou **u** 58

Capítulo 10
Gramática 61
  Substantivos próprios e comuns 61

Atividades 62
Ortografia 64
    Palavras com **g** ou **j** 64

Capítulo 11

Gramática 66
    Gênero do substantivo 66
Atividades 68
Ortografia 70
    Palavras com **s** ou **ss** 70

Capítulo 12

Gramática 72
    Número do substantivo 72
Atividades 74
Ortografia 76
    Palavras com **as**, **es**, **is**, **os** ou **us** 76

Capítulo 13

Gramática 78
    Grau do substantivo 78
Atividades 80
Ortografia 83
    Palavras com **s** representando o som de **z** 83

Capítulo 14

Gramática 85
    Substantivos coletivos 85
Atividades 86
Ortografia 88
    Palavras com **nha**, **nhe**, **nhi**, **nho** ou **nhu** .. 88

Capítulo 15

Gramática 91
    Artigo definido e artigo indefinido 91
Atividades 92
Ortografia 94
    Palavras com **za**, **ze**, **zi**, **zo** ou **zu** e **az**, **ez**, **iz**, **oz** ou **uz** 94

Capítulo 16

Gramática 95
    Adjetivos 95
Atividades 96
Ortografia 98
    Palavras com **gua** ou **qua** 98

Capítulo 17

Gramática 99
    Grau do adjetivo 99
Atividades 100
Ortografia 102
    Palavras com **r** ou **rr** 102

Capítulo 18

Gramática 104
    Numeral 104
Atividades 106
Ortografia 108
    Palavras com **ga**, **gue**, **gui**, **go** ou **gu** 108

Capítulo 19

Gramática 109
    Sinônimos 109
Atividades 110
Ortografia 112
    Palavras com **que** ou **qui** 112

Capítulo 20

Gramática 113
    Antônimos 113
Atividades 114
Ortografia 116
    Traz, **trás** ou **atrás** 116

Capítulo 21

Gramática 117
    Ponto final, ponto de interrogação e ponto de exclamação 117
Atividades 118

Ortografia **119**
    Palavras com **x** ou **ch** 119

Capítulo 22

Gramática **120**
    Vírgula 120
Atividades **122**
Ortografia **124**
    Palavras com **sce** ou **sci** 124

Capítulo 23

Gramática **126**
    Tipos de frase 126
Atividades **127**
Ortografia **129**
    Palavras com **ar**, **er**, **ir**, **or** ou **ur** 129

Capítulo 24

Gramática **131**
    Pronome 131
Atividades **132**
Ortografia **134**
    Palavras com **x** representando
      o som de **s** 134
    Palavras com **x** representando
      o som de **cs** 137

Capítulo 25

Gramática **138**
    Verbo 138
Atividades **139**
Ortografia **141**
    Palavras com **x** representando
      o som de **z** 141
    Palavras com **x** representando
      o som de **ch** 143

Capítulo 26

Gramática **144**
    Tempos verbais 144
Atividades **145**

Ortografia 147
    Emprego do **til** 147

Capítulo 27

Gramática **149**
    Primeira conjugação 149
Atividades **150**
Ortografia **152**
    Onomatopeias..................................... 152

Capítulo 28

Gramática **153**
    Segunda conjugação 153
Atividades **154**
Ortografia **156**
    Abreviaturas 156

Capítulo 29

Gramática **157**
    Terceira conjugação 157
Atividades **158**
Ortografia **160**
    Emprego de **am** e **ão** 160

Capítulo 30

Gramática **161**
    Sujeito e predicado 161
Atividades **162**
Ortografia **165**
    Prefixos 165

Capítulo 31

Gramática **166**
    Parônimos.. 166
Atividades **167**
Ortografia **168**
    Sufixos 168
Recordando o que você aprendeu **169**

ASSIM É SEU LIVRO

Gramática
Esta seção apresenta, de forma clara e objetiva, o conteúdo principal estudado no capítulo.

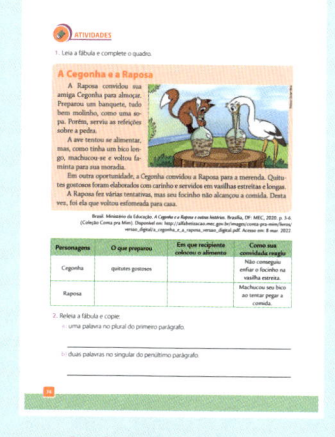

Atividades
Nesta seção, você pratica o que aprendeu em atividades diversificadas e interessantes, preparadas especialmente para esse momento de sua aprendizagem.

Ortografia
Aqui você encontra atividades que o ajudarão no aprendizado da escrita.

Recordando o que você aprendeu
Para lembrar de tudo o que aprendeu durante o ano, nesta seção há novos exercícios para você praticar. Assim, estará preparado para avançar nos estudos.

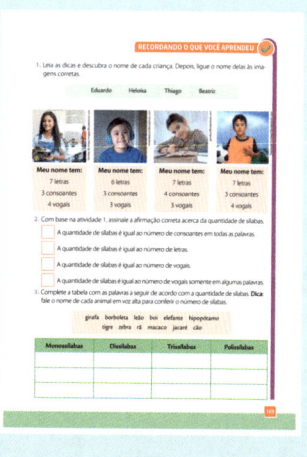

CAPÍTULO 1

GRAMÁTICA

Vogais e consoantes

Quando escrevemos, usamos **letras**.

As letras representam os sons que falamos.

O conjunto de letras chama-se **alfabeto**.

Nosso alfabeto tem **26 letras**, divididas em 5 vogais e 21 consoantes.

Aa Bb Cc Dd Ee Ff Gg Hh Ii Jj Kk Ll Mm
Nn Oo Pp Qq Rr Ss Tt Uu Vv Ww Xx Yy Zz

Vogais

Na língua portuguesa, todas as sílabas das palavras devem conter, pelo menos, uma vogal. São elas:

Aa   Ee   Ii   Oo   Uu

Consoantes

Em nossa língua, as consoantes precisam vir acompanhadas de uma vogal para serem pronunciadas. São elas:

Bb   Cc   Dd   Ff   Gg   Hh   Jj   Kk   Ll   Mm   Nn
Pp   Qq   Rr   Ss   Tt   Vv   Ww   Xx   Yy   Zz

Com as 26 letras do alfabeto formamos todas as palavras da nossa língua.

ATIVIDADES

1. Observe as imagens e preencha os espaços das palavras com as letras que faltam. Depois, complete as tabelas com o que se pede.

a) m_____ cac_____

Número de letras:	
Número de vogais:	
Número de consoantes:	

b) t_____ e_____

Número de letras:	
Número de vogais:	
Número de consoantes:	

c)

l_____ ra _____ jas

Número de letras:	
Número de vogais:	
Número de consoantes:	

d)

_____ ra _____ a

Número de letras:	
Número de vogais:	
Número de consoantes:	

2. Junte as sílabas e escreva as palavras que elas formam. Depois, responda ao desafio.

a) ja-ne-la _____

b) a-vi-ão _____

c) ca-mi-nho _____

d) ur-so _____

e) e-le-fan-te _____

f) a-le-gri-a _____

- **Desafio:** alguma das sílabas que formam essas palavras é formada apenas por consoantes?

☐ Sim.   ☐ Não.

3. Ligue as palavras à letra que está faltando. Depois, complete-as e escreva-as na linha abaixo.

a) tomat____

b) livr____

c) boc____

d) cé____

e) júr____

f) cadern____

A
E
I
O
U

_____

4. Descubra o nome das crianças e ligue cada uma ao seu respectivo nome.

Meu nome tem quatro letras, sendo três vogais e uma consoante.

Meu nome tem cinco letras, sendo duas vogais iguais e três consoantes.

Dora

Marta

Meu nome tem quatro letras, sendo duas vogais e duas consoantes.

Caio

Meu nome tem cinco letras, sendo três vogais e duas consoantes.

Paulo

5. Escreva seu nome na linha abaixo. Em seguida, responda ao que se pede.

_____

a) Quantas vogais ele tem? _____

b) Quantas consoantes ele tem? _____

6. Escreva o nome das frutas. Em seguida, pinte as vogais de azul e as consoantes de amarelo.

a)

b)

c)

d)

A

B

C

D

12

ORTOGRAFIA

Palavras com ba, be, fa, fe, fi, fo, fu, pa, pe, ve ou vi

1. Leia o trava-língua e circule a letra **f** nas palavras.

> Farofa feita com muita farinha fofa faz uma fofoca feia.

Trava-língua.

2. Complete os espaços com **fa**, **fe**, **fi**, **fo** ou **fu** e, depois, copie as palavras.

a) _____ relo _____

b) _____ gura _____

c) _____ bre _____

d) _____ lme _____

e) _____ rno _____

f) _____ maça _____

3. Complete com **f** ou **v**.

a) _____ aca

b) _____ ela

c) _____ iolão

d) _____ oto

4. Leia o texto a seguir.

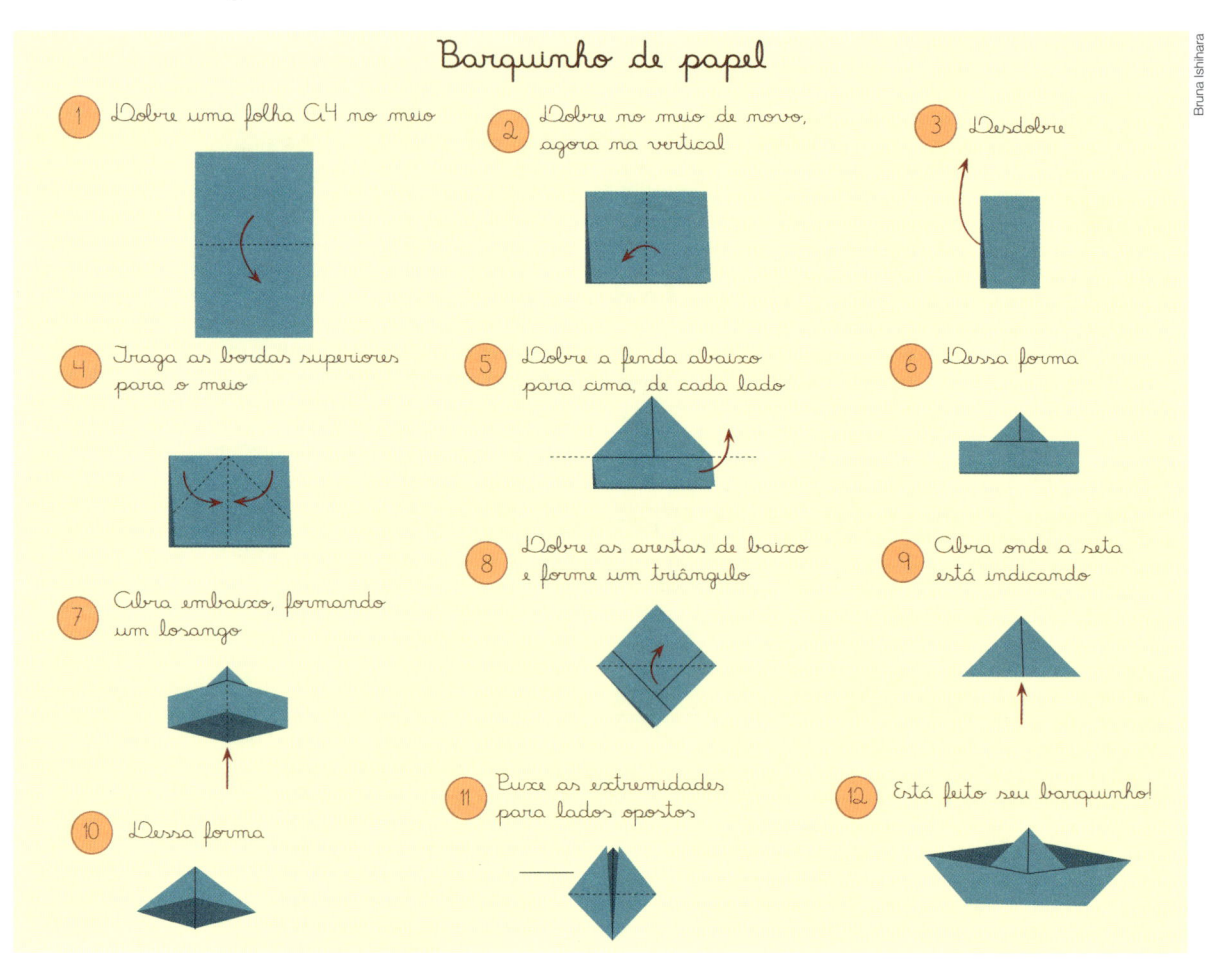

Barquinho de papel

1. Dobre uma folha A4 no meio
2. Dobre no meio de novo, agora na vertical
3. Desdobre
4. Traga as bordas superiores para o meio
5. Dobre a fenda abaixo para cima, de cada lado
6. Dessa forma
7. Abra embaixo, formando um losango
8. Dobre as arestas de baixo e forme um triângulo
9. Abra onde a seta está indicando
10. Dessa forma
11. Puxe as extremidades para lados opostos
12. Está feito seu barquinho!

Olívia Wolf. Barquinho de papel. *Origami by Olívia*, [s. l.], 30 jun. 2012. Disponível em: http://origamibyolivia.blogspot.com/2012/06/barquinho-de-papel.html. Acesso em: 14 abr. 2022.

- Agora, assinale a alternativa correta.

  ☐ O texto é composto somente de frases.

  ☐ O texto é composto somente de imagens.

  ☐ O texto é composto de frases e imagens.

5. Releia o texto da atividade anterior e assinale a alternativa correta.

  ☐ A finalidade do texto é contar a origem do barquinho de papel.

  ☐ A finalidade do texto é ensinar a brincar com um barquinho de papel.

  ☐ A finalidade do texto é instruir sobre a montagem de um barquinho de papel.

  ☐ A finalidade do texto é dar uma notícia sobre um barquinho de papel.

CAPÍTULO 2

GRAMÁTICA

Letras maiúsculas e minúsculas

Usamos palavras quando falamos ou escrevemos.

> As palavras podem ser escritas com a letra inicial **maiúscula** ou **minúscula**.

Letras maiúsculas

São usadas para iniciar frases, nomes próprios de pessoas, lugares, animais, corpos celestes, datas oficiais, títulos, monumentos, logradouros e estabelecimentos comerciais. Exemplos: Lua, Rua Francisco Alves, Cristo Redentor.

Letras minúsculas

São usadas para escrever nomes comuns: lápis, casa, gato.

ATIVIDADES

1. Leia um trecho do conto *Cinderela* e faça o que se pede.

Cinderela

Era uma vez uma garotinha chamada Cinderela. Ainda muito pequenina, perdera a mãe, e seu pai se casou com uma viúva, que tinha duas filhas.

O pai viajava muito e não sabia das malvadezas que eram praticadas contra a sua filha. Em uma noite fria, ele faleceu, deixando a casa ainda mais amarga e triste...

Cinderela passou a viver em um pequeno quarto no porão e executava todos os serviços domésticos.

No entanto, o mais difícil era suportar o desdém a todas as suas ideias e atitudes.

[...]

Em um certo dia, o príncipe Luís resolveu fazer um baile, a fim de conhecer uma linda moça para se casar. A notícia se espalhou rapidamente por todo o reino e foi recebida com grande alegria. A madrasta, entretanto, proibiu Cinderela de ir à festa, alegando que a jovem não tinha trajes adequados para a ocasião.

[...]

Brasil. Ministério da Educação. *Cinderela*. Brasília, DF: MEC, 2020. p. 3-5 e 7. (Coleção Conta pra Mim). Disponível em: http://alfabetizacao.mec.gov.br/images/conta-pra-mim/livros/versao_digital/cinderela_versao_digital.pdf. Acesso em: 14 abr. 2022.

a) Circule os nomes próprios, que começam com letra maiúscula.

b) Escreva os nomes que você circulou.

2. Marque **V** nas afirmativas verdadeiras e **F** nas falsas.

☐ O narrador é um personagem da história.

☐ Cinderela, o pai, a madrasta, as duas filhas e o príncipe Luís são os personagens que aparecem nesse trecho do conto.

☐ Cinderela tinha um guarda-roupas cheio de vestidos e sapatos.

☐ A narrativa se passa em tempo e local incertos, característica comum nos contos de fada.

☐ Cinderela é a personagem principal do conto.

3. Leia as informações a seguir e numere-as de acordo com a ordem em que aparecem no trecho do conto.

☐ Cinderela, como todos no reino, foi convidada para o baile do príncipe Luís, mas a madrasta a proibiu de ir.

☐ Depois da morte do pai, Cinderela passou a viver somente com a madrasta e suas duas filhas.

☐ Cinderela vivia em um pequeno quarto no porão e, além de executar todos os serviços domésticos, era vítima de muitas malvadezas.

4. Leia o trecho da letra da cantiga *Foi na loja do Mestre André* e faça o que se pede.

[...]
Foi na loja do Mestre André
Que eu comprei um tamborzinho,
Tum, tum, tum, um tamborzinho,
Flá, flá, flá, uma flautinha,
Dão, dão, dão, um violão,
Plim, plim, plim, um pianinho,
Ai olé, ai olé!
Foi na loja do Mestre André!

Cantiga.

a) Circule as palavras finais dos versos que rimam entre si.
b) Sublinhe três sonoridades que se repetem.

5. Encontre o substantivo próprio no texto e escreva-o abaixo.

_____

6. Encontre os cinco substantivos comuns no texto e escreva-os abaixo.

_____

ORTOGRAFIA

Palavras com m ou n em final de sílaba

1. Complete as palavras do texto com **m** ou **n**.

Hoje é domi____go, pede cachi____bo.

Cachi____bo é de ouro, bate no touro.

O touro é vale____te, bate na ge____te.

A ge____te é fraco, cai no buraco.

O buraco é fu____do,

Acabou-se o mu____do.

Cantiga.

> Usamos **m** antes de **p** e **b**.
> Usamos **n** antes das outras consoantes.

2. Forme novas palavras acrescentando **m** ou **n**. Siga o modelo.

logo ⟶ longo

a) tapa _____

b) maca _____

c) fraco _____

d) lobo _____

e) mata _____

f) popa _____

3. Fale o nome do que está representado em cada imagem em voz alta. Depois, ligue cada palavra à imagem que rima com ela.

fundo

importância

valente

imperador

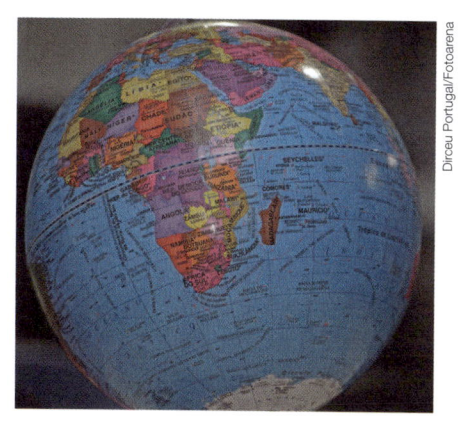

4. Complete o diagrama.

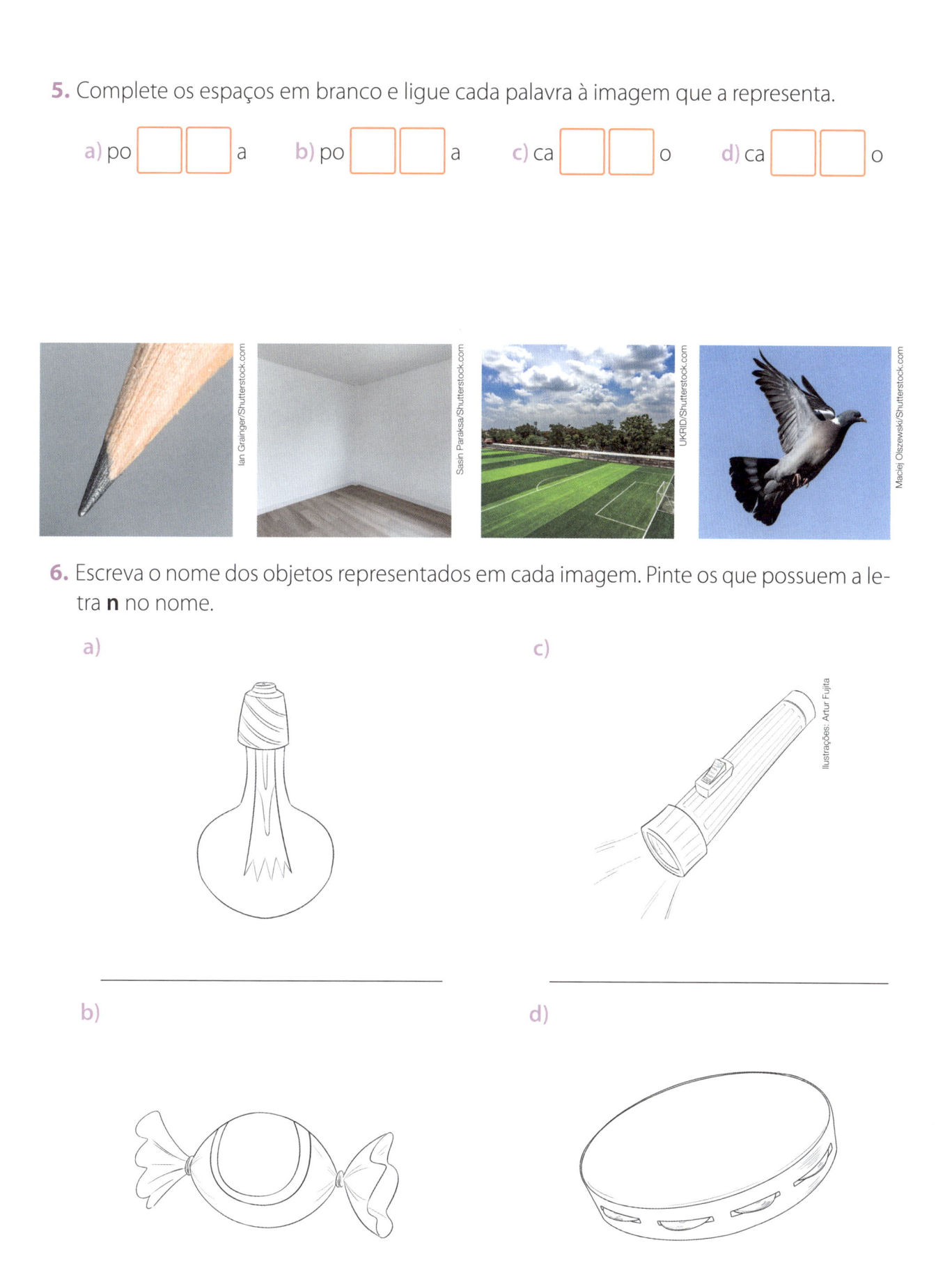

5. Complete os espaços em branco e ligue cada palavra à imagem que a representa.

a) po ☐ ☐ a   b) po ☐ ☐ a   c) ca ☐ ☐ o   d) ca ☐ ☐ o

6. Escreva o nome dos objetos representados em cada imagem. Pinte os que possuem a letra **n** no nome.

a)

c)

b)

d)

7. Ordene as sílabas e forme as palavras.

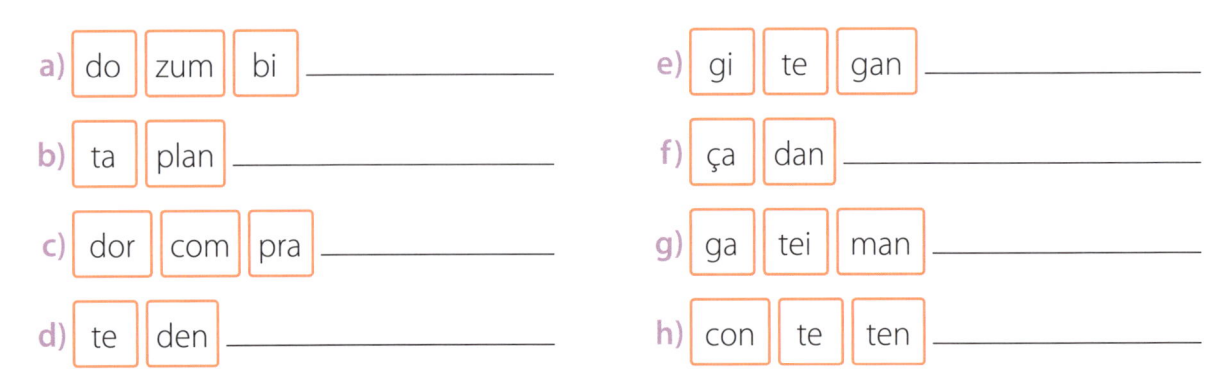

a) do | zum | bi _____

b) ta | plan _____

c) dor | com | pra _____

d) te | den _____

e) gi | te | gan _____

f) ça | dan _____

g) ga | tei | man _____

h) con | te | ten _____

8. Pinte de azul os espaços em que há palavras com **m** e de amarelo aqueles em que há palavras com **n**.

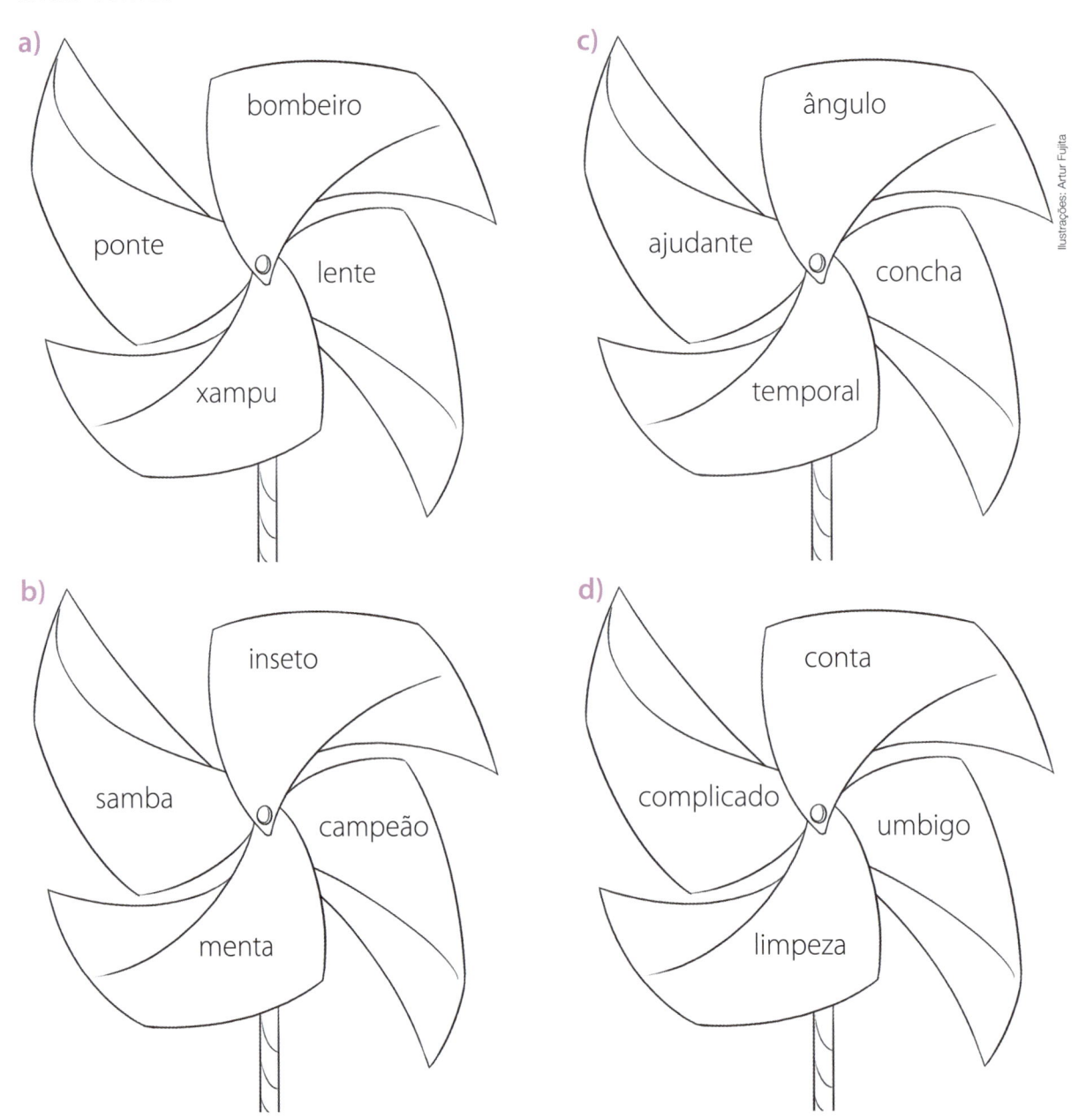

a)
- bombeiro
- ponte
- lente
- xampu

b)
- inseto
- samba
- campeão
- menta

c)
- ângulo
- ajudante
- concha
- temporal

d)
- conta
- complicado
- umbigo
- limpeza

CAPÍTULO 3

GRAMÁTICA

Encontro vocálico

Leia a tirinha e circule a palavra **cenoura**.

Tirinha com Chico Bento, de Mauricio de Sousa.

Na palavra **cenoura**, há dois sons vocálicos juntos: **o** e **u**.

> **Encontro vocálico** é o encontro de dois ou mais sons vocálicos na mesma palavra.

Leia estas palavras:

mãe

cha-p**éu**

> O encontro de dois sons vocálicos na mesma sílaba é chamado de **ditongo**.

Agora, leia estas palavras:

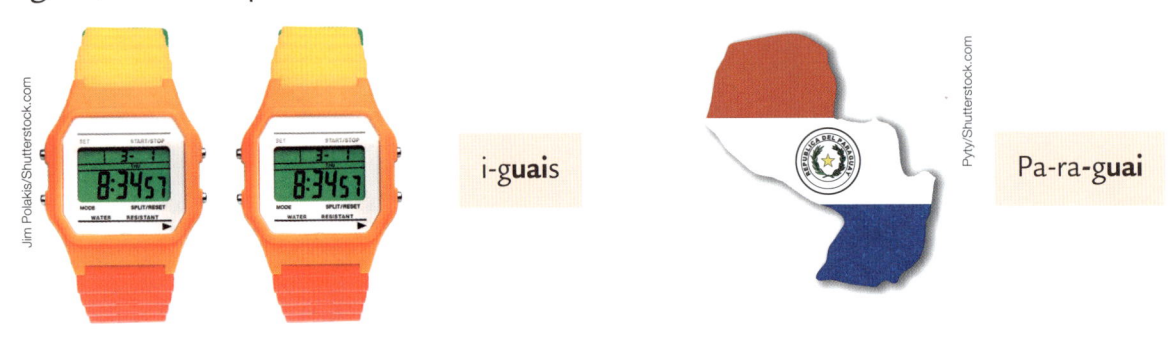

i-g**uai**s   Pa-ra-g**uai**

O encontro de três sons vocálicos na mesma sílaba é chamado de **tritongo**.

Leia agora estas palavras:

ca-d**e**-**a**-do   v**e**-**a**-do

O encontro de sons vocálicos em sílabas diferentes é chamado de **hiato**.

ATIVIDADES

1. Separe as sílabas das palavras e pinte os encontros vocálicos de acordo com a legenda.

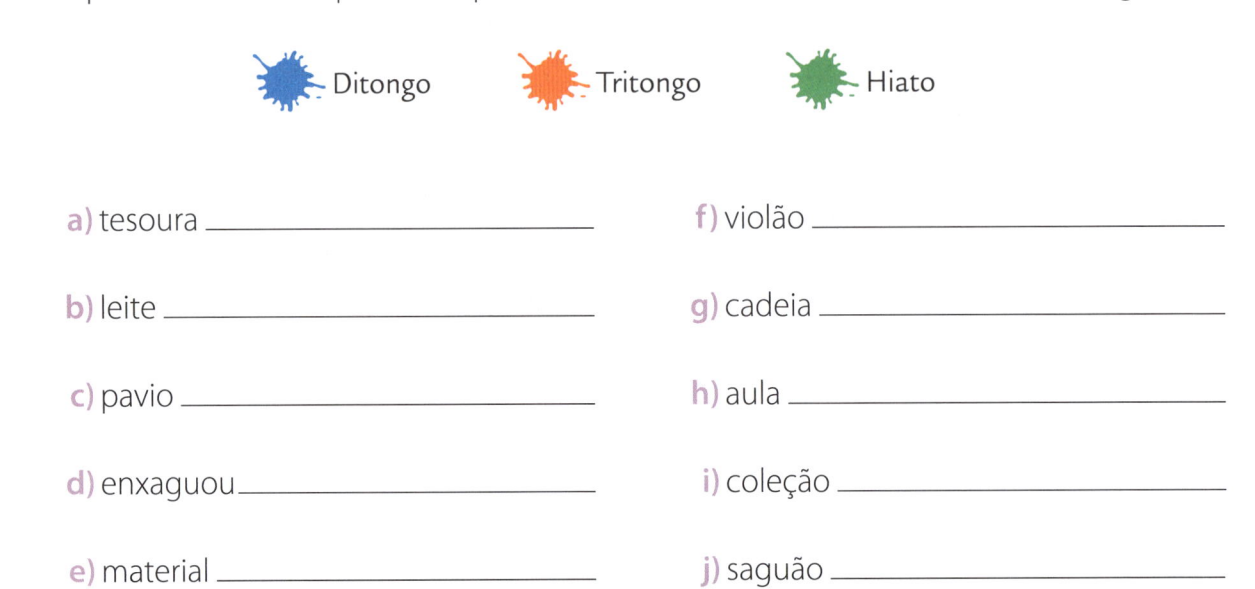

Ditongo   Tritongo   Hiato

a) tesoura _____

b) leite _____

c) pavio _____

d) enxaguou _____

e) material _____

f) violão _____

g) cadeia _____

h) aula _____

i) coleção _____

j) saguão _____

2. Leia a seguir o trecho de um cordel. Depois, encontre e circule as palavras que contêm ditongos, tritongos ou hiatos.

A lenda de como surgiu o papagaio

[...]
Não se assuste, meu leitor,
Nem despreze a poesia;
É que a voz do papagaio
No passado não existia,
Afinal, lendas misturam
O real com a fantasia.

[...]

O menino olhava a brasa
Que assava sem parar,
Ficou com água na boca,
Começou a suspirar:
– A barriga da miséria
Nesta hora eu vou tirar.

[...]

César Obeid. *Cordelendas*: histórias indígenas em cordel. São Paulo: Editora do Brasil, 2014. p. 11-12.

3. Escreva na tabela as palavras que você circulou, separando as sílabas conforme o exemplo.

1. sur-giu	8.
2.	9.
3.	10.
4.	11.
5.	12.
6.	13.
7.	14.

4. Leia no quadro abaixo as definições de linguagem literal e linguagem figurada.

> - A **linguagem literal** é aquela que apresenta o sentido usual da palavra ou expressão, considerando principalmente seu significado encontrado no dicionário.
> - A **linguagem figurada**, muito utilizada em textos poéticos, costuma apresentar um significado diferente do literal, e pode se dar por meio de uma associação ou similaridade.
>
> O trecho do texto "– A barriga da miséria/Nesta hora eu vou tirar", que remete à expressão "tirar a barriga da miséria", é um exemplo de linguagem figurada.

- Agora, assinale a frase abaixo que apresenta o mesmo sentido de "tirar a barriga da miséria".

☐ Acabar com a miséria do mundo.

☐ O ato de se exercitar para perder gordura da barriga.

☐ Matar a fome.

☐ Tirar a barriga do fogão.

5. Assinale as frases que utilizam a linguagem figurada.

☐ Meu coração foi aprisionado.

☐ Meu tio passou mal do coração.

☐ Eu me perco na boca da noite.

☐ A noite está escura, falta iluminação.

☐ Seu olhar de estrelas reflete no fundo do meu.

☐ As estrelas brilham no céu, assim como a lua.

6. Escreva uma frase usando a linguagem literal e outra usando a linguagem figurada.

_____

_____

_____

_____

ORTOGRAFIA

Palavras com o, ou, e ou ei

1. Observe os alimentos representados pelas imagens e complete as palavras com **e** ou **ei**.

a) brigad_____ro

b) am_____xas

c) pães de qu_____jo

d) cer_____jas

e) l_____te

f) _____mpada

g) f_____joada

h) mant_____ga

2. Entre os alimentos que aparecem nas imagens, de qual você mais gosta? Circule-o.

3. Leia abaixo a página do diário de uma menina e responda às questões.

> 15 de janeiro de 2022
>
> Querido Diário,
>
> Hoje fui visitar o Sítio Vale da Ribeira, com a tia Clara e o Tio Zuza, e foi muito divertido!
>
> O Sítio era bem bonito, mas cheio de formigueiros, então precisei tomar cuidado para não pisar em nenhum. Mordida de formiga dói muito!
>
> O mais gostoso foram as comidas: feijoada com arroz, farofa, laranja e couve-manteiga. Que delícia!
>
> Durante a tarde, um besouro gigante quase caiu na minha cabeça! Que susto!
>
> E conheci até um touro premiado! O nome dele é Tufão.
>
> Agora vou dormir, pois já está tarde, mas amanhã eu volto.
>
> Beijos e boa noite,
> Gabriela

Texto escrito especialmente para esta obra.

a) Quem escreveu esse texto? _____

b) Em que data foi escrito? _____

c) Para quem ele foi escrito? _____

d) Como a menina se despediu? _____

4. Converse com os colegas: por que Gabriela escreveu suas experiências em um diário?

5. Releia a página do diário. Circule três palavras escritas com **ou** e sublinhe três palavras escritas com **ei**.

CAPÍTULO 4

GRAMÁTICA

Encontro consonantal

Você já ajudou a comprar alimentos no supermercado?
Leia as dicas a seguir e observe as letras destacadas nas palavras.

Preste atenção no que está comprando, leia na embalagem as informações sobre o alimento: seus ingredientes, nutrientes, valor energético, as condições de conservação... Assim, você vai saber, por exemplo, quais marcas têm mais gordura ou mais carboidratos e escolher o melhor para sua saúde.

Michele Iacocca. *Eu como assim ou assado?* São Paulo: Ática, 2012. p. 55.

Observe as palavras destacadas no texto. Todas elas possuem **duas consoantes juntas**.

Nas letras em roxo, temos duas consoantes juntas na **mesma sílaba**. Nas que estão em verde, as consoantes são **separadas**. Veja os exemplos:

com-pran-do   so-bre   in-gre-di-en-tes

es-tá   in-for-ma-ções   gor-du-ra

> A união de duas ou mais consoantes em uma mesma palavra é chamada de **encontro consonantal**.

Veja, nos quadros abaixo, os encontros consonantais na mesma sílaba:

Consoante + R
BR – bravo
CR – creme
DR – vidro
FR – fraco
GR – grama
PR – presente
TR – trator
VR – palavra

Consoante + L
BL – blusa
CL – clima
FL – flor
GL – globo
PL – planta
TL – atleta

ATIVIDADES

1. Leia o nome de cada criança e, depois, circule aqueles em que há encontros consonantais.

a)   Bruna

b)  Pedro

c)  Luís

d)  Otávio

e)  Júlia

f)  Clarice

2. Forme seis palavras com encontros consonantais utilizando as sílabas do quadro abaixo.

| pra | to | pe | ca | pla | pa | gri | tro | dra | ta | gra |

_____

_____

3. Leia a receita a seguir.

Brigadeiro para criança fazer (sem fogão)

Ingredientes
- 2 colheres (sopa) cheias de chocolate em pó;
- 1/2 lata de leite condensado;
- granulado preto/colorido.

Modo de preparo

1. Em um recipiente, misture bem o leite condensado com o chocolate em pó.
2. Deixe na geladeira por 30 minutos.
3. Retire do recipiente e enrole no formato de bolinhas.
4. Passe as bolinhas no granulado. Se preferir, coloque os brigadeiros em forminhas antes de servir.

Preparo 35 min

Rendimento 10 porções

Receita escrita especialmente para esta obra.

- Agora, assinale as alternativas corretas.

☐ A receita ensina ao leitor o passo a passo para preparar brigadeiros.

☐ As origens do doce brigadeiro são apresentadas para o leitor.

☐ Os itens **Ingredientes** e **Modo de preparo** organizam as instruções da receita.

☐ O quadro com os itens "Preparo" e "Rendimento" é um recurso gráfico que apresenta informações sobre a receita para o leitor.

4. Assinale **V** nas afirmativas verdadeiras e **F** nas falsas. A palavra **brigadeiro**:

☐ apresenta um encontro vocálico.

☐ apresenta um encontro consonantal com consoantes na mesma sílaba.

☐ não apresenta um encontro consonantal.

☐ não apresenta um encontro vocálico.

5. Leia a notícia abaixo.

ALINHAMENTO ENTRE JÚPITER E SATURNO PODERÁ SER VISTO A OLHO NU

O fenômeno ocorre na noite de 21 de dezembro

Júpiter e Saturno, os dois maiores planetas do Sistema Solar, vão se alinhar em 21 de dezembro. O fenômeno, chamado "grande conjunção", não é visto dessa forma e à noite há 800 anos e poderá ser observado a olho nu em quase todas as regiões da Terra [...].

[...]

Saturno, mais ao alto, e Júpiter, abaixo, são vistos depois do pôr do sol no Shenandoah National Park, Virginia, Estados Unidos, em 13 de dezembro de 2020.

Apesar da enorme distância a que estão localizados, os dois planetas estarão em uma posição no céu na noite do dia 21 de dezembro que causará a impressão de que estão muito próximos, gerando um brilho único. Uma nova oportunidade para ver o alinhamento entre Júpiter e Saturno a olho nu deve acontecer só daqui a 60 anos.

Alinhamento entre Júpiter e Saturno [...]. *Joca*, [São Paulo], 21 dez. 2020. Disponível em: https://www.jornaljoca.com.br/alinhamento-de-jupiter-e-saturno-podera-ser-visto-a-olho-nu/. Acesso em: 14 abr. 2022.

- Agora, marque **V** nas afirmativas verdadeiras e **F** nas falsas.

☐ O título da notícia informa ao leitor o assunto que será abordado.

☐ O subtítulo complementa as informações do título, esclarecendo a data em que ocorrerá o fenômeno.

☐ A notícia foi organizada em estrofes, para tornar o texto mais poético.

☐ A fotografia vem acompanhada de uma legenda que a identifica para o leitor.

☐ O corpo da notícia está organizado em dois parágrafos que abordam com mais detalhes o assunto noticiado.

ORTOGRAFIA

Palavras com bl, cl, fl, gl, pl ou tl

1. Observe as imagens, escreva o nome dos objetos representados por elas nos espaços e marque um **X** nas palavras que começam com **consoante + L**.

a) _____

b) _____

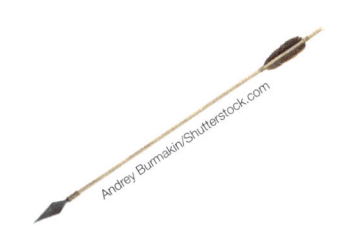

c) _____

d) _____

e) _____

f) _____

2. Junte as sílabas e escreva as palavras.

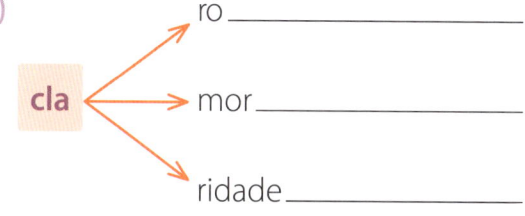

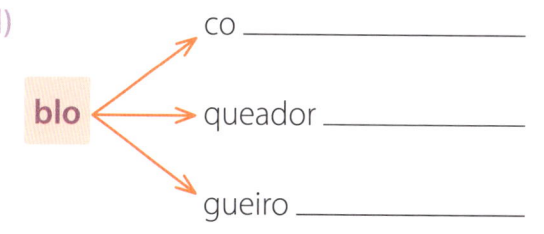

a) **pla** →
- teia _____
- neta _____
- no _____

b) **cla** →
- ro _____
- mor _____
- ridade _____

c) **flo** →
- res _____
- resta _____
- co _____

d) **blo** →
- co _____
- queador _____
- gueiro _____

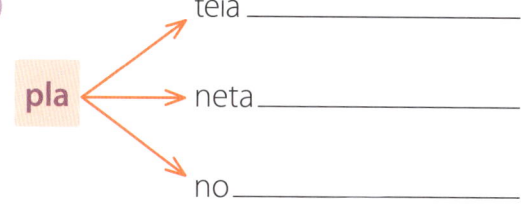

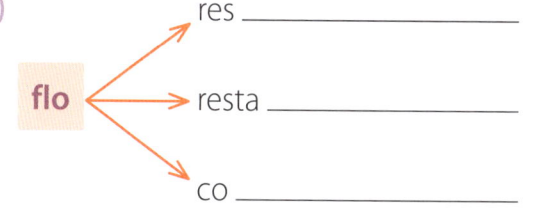

33

3. Separe as sílabas e preencha a tabela conforme o exemplo.

Palavra	Separação silábica				Quantidade de sílabas	Quantidade de letras
planeta	pla	ne	ta		3	7
atlas						
glória						
camuflagem						
blindagem						

4. Ordene as sílabas, escreva as palavras e, em seguida, ligue cada uma delas à imagem que a representa.

a) tle | a | ta _____

b) fla | las | ne _____

c) bo | glo _____

d) so | plau | a _____

e) cla | do | te _____

CAPÍTULO 5

GRAMÁTICA

Dígrafos

Leia o texto e observe as palavras destacadas.

> [...]
> Eu fui o **escolhido**, entre todos os macacos da floresta, para ser o mestre de cerimônia. Talvez eu **tenha** sido selecionado **porque** sou o mais bonito, ou então **porque chamo** a atenção de todo mundo com o **barulho** que faço quando salto de **galho** em **galho**, mas **confesso que fiquei** muito **orgulhoso disso** e me preparei bastante, buscando a maior **quantidade** de informações sobre o **assunto que** pude!

Leonardo Mendes Cardoso. *Na floresta dos cinco sentidos*. São Paulo: Editora do Brasil, 2015. p. 7.

Nas palavras em destaque, duas letras se juntam (**ch**, **lh**, **nh**, **qu** e **ss**) para representar apenas **um som**.

Observe:

| escolhido | tenha | porque | chamo | barulho | galho |
| confesso | que | fiquei | orgulhoso | disso | quantidade | assunto |

Temos nessas palavras um **dígrafo**.

> **Dígrafo** é o encontro de duas letras que representam apenas **um som**.

São dígrafos:

ch lh nh gu qu rr ss sc sç xc

Gu e **qu** só são dígrafos antes das vogais **e** e **i**. Esse caso também acontece com o **sc** e o **xc**.

Na divisão silábica, separamos as letras dos dígrafos **rr**, **ss**, **sc**, **sç** e **xc** e não separamos as letras dos dígrafos **ch**, **lh**, **nh**, **gu** e **qu**.

Exemplos:

car-ro	nas-ço	bri-lhan-te
mas-sa	ex-ce-len-te	u-nha
dis-ci-pli-na	cho-co-la-te	gue-par-do

ATIVIDADES

1. Na escrita do seu nome ou sobrenome há algum dígrafo? Se sim, qual?

_____

2. Encontre entre os nomes dos colegas da turma algum que tenha dígrafo e escreva-o.

_____

3. Circule o objeto cujo nome tem dígrafo e, depois, escreva o nome dele na linha a seguir.

a)

c)

e)

b)

d)

f)

_____

4. Complete as palavras com os dígrafos **ch**, **lh** ou **nh** e, depois, copie-as.

a) _____ifre _____

b) vizi_____o _____

c) baru_____o _____

d) ba_____o _____

e) rai_____a _____

f) bola_____a _____

g) mi_____o _____

h) ca_____ecol _____

i) pio_____o _____

j) gali_____eiro _____

k) ervi_____a _____

l) bro_____e _____

5. Leve a galinha até o milho encontrando o caminho correto no labirinto de dígrafos.

carroça

descida

queijo

preguiça

terreno

sussurro

exceto

osso

ORTOGRAFIA

Palavras com lha, lhe, lhi, lho, lhu ou li

1. Encontre e circule no diagrama as palavras que correspondem às imagens.

W	O	T	E	A	G	U	L	H	A	P
D	L	O	E	R	I	D	O	F	D	I
X	H	A	R	P	Ç	C	W	E	C	L
R	Y	L	H	G	N	H	T	R	G	H
P	E	H	R	K	A	O	Z	C	S	A
A	P	A	W	G	K	C	A	O	Q	F
D	Ç	T	O	F	A	A	G	L	H	O
T	E	L	H	A	H	L	F	H	O	J
D	M	Ç	F	G	I	H	K	E	D	P
R	O	T	O	L	Y	O	T	R	G	H
T	O	A	R	O	L	H	A	Q	S	A

2. Agora, complete as palavras com **lh** ou **li** e, depois, copie-as nos espaços abaixo.

a) pa____aço _____

b) ____ama _____

c) cí____os _____

d) mu____er _____

e) si____ueta _____

f) famí____a _____

g) ve____ice _____

h) joe____o _____

38

3. Leia a cantiga. Depois, localize e circule as palavras com dígrafo **lh**.

Alecrim

Alecrim, alecrim dourado
Que nasceu no campo
Sem ser semeado.

[...]

Alecrim, alecrim aos molhos,
Por causa de ti
Choram os meus olhos.

[...].

Cantiga.

4. Sublinhe com cores diferentes cada par de palavras que rimam no final dos versos.

5. Como está organizada a letra da cantiga?

☐ Em frases que compõem parágrafos.   ☐ Em versos que compõem estrofes.

6. Leia as definições da palavra **molho** no verbete de dicionário abaixo e sublinhe a que foi utilizada na cantiga da atividade 3.

molho 1 (*mo.lho*) [ô]   **sm.**
1. Cul. Caldo ou creme us. para refogar, temperar ou acompanhar um prato (molho de tomate) [...].
2. Qualquer líquido onde se deixa algo mergulhado. [...]

molho 2 (*mo.lho*) [ó]
1. Feixe pequeno, ger. reunido pelo comprimento e atado ao meio (molho de feno/de palha) [...].
2. Porção pequena de flores ou folhagens [...].
3. Conjunto de objetos unidos (molho de chaves)
4. Punhado, mancheia. [...]

Molho. *Aulete Digital*, [São Paulo], c2021.
Disponível em: www.aulete.com.br/molho. Acesso em: 3 mar. 2022.

CAPÍTULO 6

GRAMÁTICA

Classificação das palavras quanto ao número de sílabas

Você conhece esta brincadeira?

> Pico picolé
> Que sabor você quer?
>
> Tradição popular.

Nela, os participantes devem escolher um sabor de sorvete e falar sílaba por sílaba da palavra, por exemplo:

mo-ran-go   cho-co-la-te   a-ba-ca-xi

Enquanto pronunciam as sílabas, os participantes devem bater a mão direita na mão direita do colega ao lado e, na última sílaba, não podem deixar que acertem sua mão. O último a não ter a mão acertada pelo colega ganha a brincadeira!

Agora, leia a palavra **uva** e a fale bem devagar em voz alta: **u-va**.

A palavra tem dois pedacinhos: u - va .

Cada pedacinho que separamos quando falamos se chama **sílaba**.

> **Sílaba** é um som ou grupo de sons que se pronuncia de uma só vez.

Conforme o número de sílabas, as palavras são classificadas em:

- **monossílabas**: palavras formadas por **uma só sílaba**;

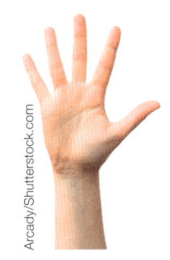

mão   pá

- **dissílabas**: palavras formadas por **duas sílabas**;

co-po   pa-to

- **trissílabas**: palavras formadas por **três sílabas**;

a-be-lha   cor-ne-ta

- **polissílabas**: palavras formadas por **quatro ou mais sílabas**.

tar-ta-ru-ga   com-pu-ta-dor

ATIVIDADES

1. Separe as sílabas das palavras e escreva no quadradinho o número de sílabas.

a) trem _____ ☐   c) capa _____ ☐

b) tomate _____ ☐   d) cogumelo _____ ☐

2. Preencha o diagrama com o nome dos objetos e seres representados pelas imagens escrevendo uma sílaba em cada quadradinho.

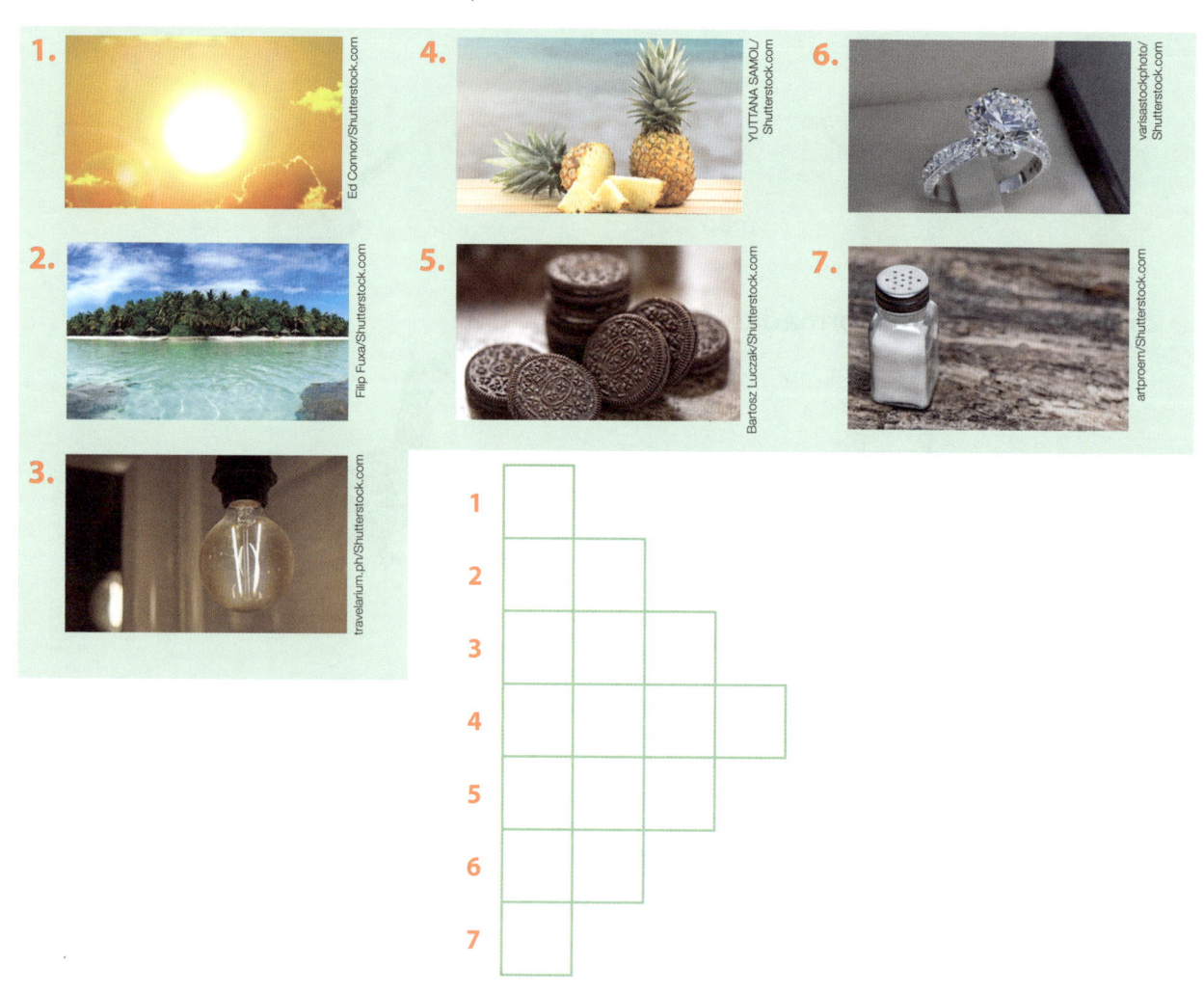

1.
2.
3.
4.
5.
6.
7.

- Agora, escreva a primeira letra de cada palavra na linha a seguir e veja que palavra se formou. _____

3. Separe as palavras de acordo com o número de sílabas nas colunas do quadro.

chão   palito   labareda   lápis   amigo   mar
leite   violão   ventilador   pai   bola   patinete

Monossílabas	Dissílabas	Trissílabas	Polissílabas

ORTOGRAFIA

Palavras com al, el, il, ol ou ul

1. Complete as palavras com **al**, **el**, **il**, **ol** ou **ul** e, depois, copie-as.

a) voleib____   _____

b) anz____   _____

c) s____vagem   _____

d) f____me   _____

e) pap____   _____

f) m____dura   _____

g) tún____   _____

h) az____   _____

i) ____deia   _____

j) fun____   _____

k) ____finete   _____

l) c____chão   _____

m) p____ga   _____

n) carnav____   _____

2. Leia as palavras e copie-as de acordo com as ocorrências de **al**, **el**, **il**, **ol** e **ul**.

polvo   futebol   barril   palma   abril   sul
hotel   soldado   culpa   alface   carrossel

a) **AL**

b) **EL**

c) **IL**

d) **OL**

e) **UL**

3. Leia o poema visual "A primavera endoideceu". Depois, marque verdadeiro (**V**) ou falso (**F**).

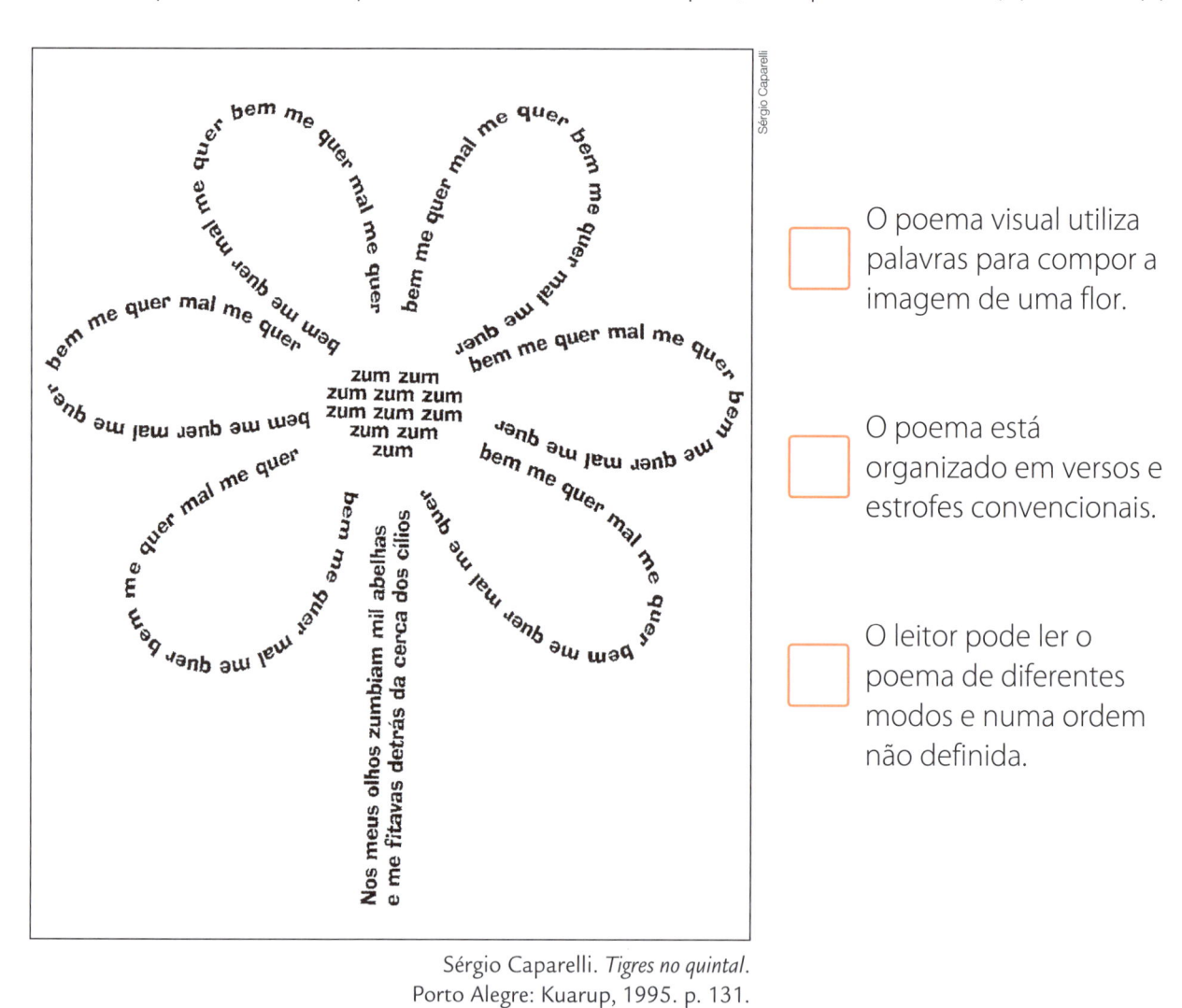

Poema em forma de flor com pétalas contendo a frase repetida "bem me quer mal me quer". No centro: "zum zum zum zum zum zum zum zum zum zum". Na haste: "Nos meus olhos zumbiam mil abelhas e me fitavas detrás da cerca dos cílios".

Sérgio Caparelli. *Tigres no quintal*. Porto Alegre: Kuarup, 1995. p. 131.

☐ O poema visual utiliza palavras para compor a imagem de uma flor.

☐ O poema está organizado em versos e estrofes convencionais.

☐ O leitor pode ler o poema de diferentes modos e numa ordem não definida.

4. Leia o poema da atividade anterior e faça o que se pede.

a) Localize e copie uma palavra terminada em **al**: _____

b) Localize e copie o antônimo da palavra do item anterior: _____

c) Localize e copie uma onomatopeia que representa o som de um animal: _____

d) Quantas sílabas têm essas palavras? _____

e) Como são classificadas as palavras com esse número de sílabas?

_____

CAPÍTULO 7

GRAMÁTICA

Sílaba tônica

Leia esta cantiga.

Vai abóbora, vai melão
De melão, vai melancia
Vai jambo sinhá,
vai jambo sinhá,

Vai doce, vai cocadinha
Quem quiser aprender a dançar,
Vai na casa do Juquinha
Ele pula, ele dança,
Ele faz requebradinha.

Cantiga.

Em toda palavra com duas ou mais sílabas há sempre uma sílaba que é **pronunciada com mais intensidade** do que as outras.

Ela é chamada de sílaba **tônica**.

Leia em voz alta estas palavras que você leu na cantiga:

si**nhá**   **jam**bo   a**bó**bora

A posição da sílaba tônica não é a mesma em todas as palavras. Ela pode estar na:

última sílaba	**penúltima** sílaba	**antepenúltima** sílaba
si**nhá**	**jam**bo	a**bó**bora

45

De acordo com a **posição da sílaba tônica**, as palavras classificam-se em:

- **oxítonas**: quando a sílaba tônica é a **última**;

ca-**ju**   ca-**fé**

- **paroxítonas**: quando a sílaba tônica é a **penúltima**;

ca-**me**-lo   ca-**der**-no

- **proparoxítonas**: quando a sílaba tônica é a **antepenúltima**.

a-**bó**-bo-ra   **lâm**-pa-da

Acentuação das palavras oxítonas

Observe as palavras destacadas na frase a seguir:

Esta menina **está** feliz.

A palavra **esta** é paroxítona; a palavra **está** é oxítona.

As palavras **oxítonas** terminadas em **a**, **e**, **o** recebem acento gráfico na sílaba tônica:

A	E	O
chá	bebê	cipó
maracujá	cafuné	tricô
sofá	chulé	vovô

ATIVIDADES

1. Sublinhe a sílaba tônica e classifique as palavras em oxítona, paroxítona ou proparoxítona.

a) laranja _____

b) pássaro _____

c) pedal _____

d) ônibus _____

e) violão _____

f) chaminé _____

g) escola _____

h) sabonete _____

i) urubu _____

j) xícara _____

2. Leia as palavras a seguir em voz alta e, depois, separe-as nas colunas indicadas.

sofá   caracol   fábrica   livro
música   bebê   milho   último
cavalo   mármore   garrafa   pião
número   vestido   café   hospital

Oxítonas	Paroxítonas	Proparoxítonas

3. Acentue as palavras oxítonas quando necessário.

a) rouxinol
b) tamandua
c) bandeja
d) gamba

e) elefante
f) pontape
g) croche
h) menino

i) paleto
j) trico
k) colher
l) Jose

ORTOGRAFIA

Palavras com h

1. Leia um trecho do poema "Maluquices do H", de Pedro Bandeira, fale em voz alta as palavras destacadas e, depois, responda às perguntas.

> [...]
> **Hora** escrita sem H,
> **Ora** bolas vai virar.

Pedro Bandeira. *Mais respeito, eu sou criança!* São Paulo: Moderna, 2009. p. 58.

a) O som pronunciado é igual para as duas palavras?

☐ Sim.   ☐ Não.

b) A escrita dessas palavras é igual? Caso não, escreva o que elas têm de diferente.

☐ Sim.   ☐ Não.

_____

2. Você conhece alguma pessoa cujo nome comece com a letra **H**? Escreva-o.

_____

> **ATENÇÃO**
> Não se esqueça de utilizar a letra maiúscula, afinal, é nome de pessoa.

3. Escreva o nome dos objetos representados pelas imagens. Depois, pinte o que tem a letra **h** inicial.

a)   b)   c)

_____   _____   _____

> A letra **h**, quando não forma dígrafo, só ocorre em início de palavra.

4. Junte as sílabas que estão embaralhadas e forme palavras escritas com a letra **h**.

hi	ta	hi	pó	gi	ho	mo	to	zon
ça	e	nes	po	ho	he	hu	ne	ri
	ran	te	mil	hor	de	vel	rí	mem

a) 🟨 _____

b) 🟩 _____

c) 🟪 _____

d) 🟧 _____

e) ⬜ _____

f) 🟧 _____

g) 🟩 _____

h) 🟧 _____

5. Em cada grupo de palavras, somente uma **não** é iniciada pela letra **h**. Complete com **h** onde for necessário e copie essas palavras.

a) ____ábito _____

____orelha _____

____óspede _____

b) ____iguana _____

____abilidade _____

____iena _____

c) ____umano _____

____oje _____

____ontem _____

d) ____istória _____

____úmido _____

____ino _____

6. Complete o diagrama com os nomes dos seres e objetos representados pelas imagens.

1.
2.
3.
4.
5.
6.

7. Escolha a palavra do quadro que é mais adequada para completar cada frase.

houve   ouve

a) Minha avó já não _____ muito bem.

b) Na semana passada _____ um incêndio na floresta.

CAPÍTULO 8

GRAMÁTICA

Emprego da cedilha

Leia o texto e observe as palavras destacadas.

> [...]
> Porque palavra com C parece ter muito mais, parece nunca ter fim... A demora foi demais!
> Fui olhando uma a uma, sempre tentando encontrar. Vi cabeleira e cabide, caboclo, cacaio, **caçar**.
> **Caçarola** e **cadarço**, cadência e caducar. Cafezista e cafona, cafundó e caguetar!
> [...]

Bel Assunção Azevedo. *Caraminholas*. Belo Horizonte: Autêntica, 2013. p. 24.

Nas palavras destacadas há um sinal debaixo da letra **c** para dar a ela o som de **ss**. Esse sinal se chama cedilha (¸).

> Só usamos **c** com a cedilha antes das vogais **a**, **o** e **u**.
> Não se coloca cê-cedilha antes das vogais **e** e **i** nem no começo de palavras.

ATIVIDADES

1. Copie as palavras colocando a cedilha quando for necessário.

a) fumaca _____

b) cereja _____

c) pescoco _____

d) cinema _____

e) dancarina _____

f) abraco _____

g) acucareiro _____

h) adormecer _____

2. Reescreva as frases substituindo as figuras pelos nomes.

a) Amanda tem uma linda [trança].

_____

b) Armando comprou um [laço] para o cabelo de Joice.

_____

c) O moço tem um bom [coração].

_____

d) Você colocou a [maçã] na cesta?

_____

3. Leia o poema a seguir e faça o que se pede.

O mágico

Na noite do circo, o mágico
desperta estrelas, descostura
os fios do impossível,
acende com cuidado uma surpresa a cada passo...
E logo um lenço vira lança,
um leque vira laço,
o circo todo vira magia,
vira dança.

Roseana Murray. *O circo*. São Paulo: Paulus, 2011. Disponível em: https://www.soescola.com/2016/02/poemas-do-livro-o-circo-de-roseana.html. Acesso em: 9 de jun. 2022.

a) Circule no poema as palavra que contêm **ç**.
b) Sublinhe no poema as palavras que contêm **ce** e **ci**.
c) Ligue as palavras do poema que rimam entre si.

lenço	dança
lança	laço

ORTOGRAFIA

Palavras com ça, ce, ci, ço ou çu

1. Complete as palavras com **ça, ço** ou **çu**.

a) cabe_____   e) cal_____   i) ca_____la

b) cadar_____   f) balan_____   j) almo_____

c) a_____car   g) a_____de   k) crian_____

d) do_____ra   h) solu_____   l) al_____

2. Complete as palavras com **ce** ou **ci** e, depois, copie-as.

a) va_____na _____   e) do_____ _____

b) _____bola _____   f) _____dade _____

c) a_____so _____   g) a_____lerado _____

d) ma_____o _____   h) benefí_____o _____

3. Complete o diagrama com o nome dos objetos e seres representados pelas imagens.

1. (cenoura)
2. (índio)
3. (bacia)
4. (bicicleta)
5. (cervo)
6. (alface)

53

4. Leia as frases e circule a palavra mais adequada para completá-las.

a) Minha nossa! Quanta _____ suja! (louca/louça)

b) Recolha com cuidado os _____ de vidro. (cacos/caços)

5. Leia o cartaz a seguir de uma campanha de vacinação para cães e gatos.

Campanha de vacinação contra raiva em cães e gatos de 2018 da Prefeitura Municipal de São Paulo. Disponível em: https://www.prefeitura.sp.gov.br/cidade/secretarias/subprefeituras/jacana_tremembe/noticias/?p=86102. Acesso em: 10 mar. 2022.

a) A expressão **morrer de raiva**, que aparece no *slogan* da campanha, significa:

☐ ficar muito irritado.   ☐ contrair uma doença muito grave.

b) A ilustração é importante para o entendimento da campanha?

_____

6. Complete as lacunas com as palavras do quadro abaixo.

vacinou   vacinação   vacinas

a) Todos devem tomar _____ .

b) A enfermeira _____ todas as crianças da turma ontem.

c) As campanhas de _____ são muito boas para a população.

CAPÍTULO 9

GRAMÁTICA

Acento agudo e acento circunflexo

Leia o trecho do poema e observe as palavras destacadas.

Corrida aborrecida

Dois **caracóis**
apostaram uma corrida.
– Puxa vida!

Foram subindo
pela parede do meu quarto.

– Coisa de lagarto!

O **rodapé**
foi a linha de partida.

– E tinha torcida?

Lá no teto
era a linha de chegada.

– Parece **até** piada!

Eles se arrastaram
meio **centímetro** por hora.

– Mas que demora!

[...]

Claudio Fragata. *Balaio de bichos*. São Paulo: DCL, 2005.

Nas palavras **caracóis**, **rodapé**, **lá**, **até** e **centímetro** há um sinal colocado sobre as vogais **a**, **e**, **i** e **o**.

Esse sinal se chama **acento agudo** (´)

> O **acento agudo** é empregado para:
> - indicar o som aberto das vogais;
> - indicar a sílaba tônica de algumas palavras.

Outros exemplos: crachá, jacaré, ímpar, óculos, público.

Agora, leia estas palavras em voz alta:

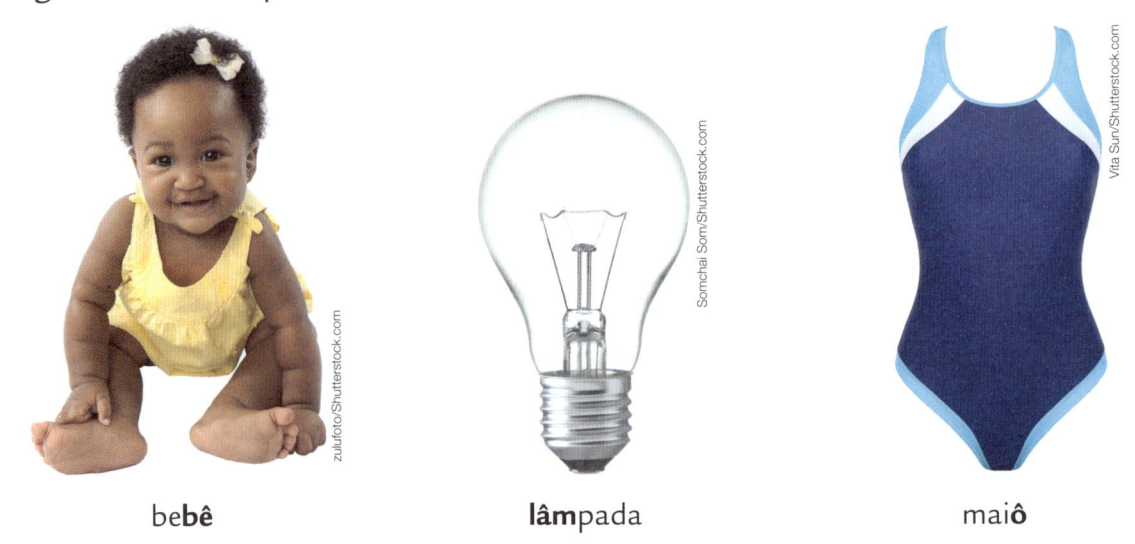

be**bê**   **lâm**pada   mai**ô**

Nas palavras **bebê**, **lâmpada** e **maiô** há um sinal colocado sobre as vogais **e**, **a** e **o**. Esse sinal se chama **acento circunflexo** (ˆ).

> O **acento circunflexo** é empregado para:
> - indicar o som fechado das vogais **a**, **e** e **o**;
> - indicar a sílaba tônica de algumas palavras.

Outros exemplos: robô, purê, tênis, ângulo, ônibus.

ATIVIDADES

1. Leia os nomes de alguns dos personagens criados por Mauricio de Sousa e, depois, faça o que se pede.

Zé Lelé   Horácio   Mônica   Cafuné

a) Circule a sílaba do(s) nome(s) em que aparece o acento circunflexo.
b) Sublinhe a sílaba do(s) nome(s) em que aparece o acento agudo.

2. Copie as palavras empregando o acento agudo ou circunflexo na sílaba tônica. Leia as palavras em voz alta para identificar a sílaba mais forte.

a) cafe _____

b) bambole _____

c) fuba _____

d) judo _____

e) mecanica _____

f) lagrima _____

g) Ursula _____

h) indice _____

i) relogio _____

j) heroi _____

k) bau _____

l) ciencias _____

m) Mario _____

n) voce _____

3. Acentue as palavras monossílabas quando for necessário.

a) sos
b) pe
c) le
d) tu
e) cha
f) tres

g) ja
h) si
i) ma
j) voz
k) do
l) po

m) mi
n) nu
o) no
p) cru
q) ha
r) fe

ATENÇÃO

Somente são acentuados os monossílabos tônicos terminados em **a/as**, **e/es**, **o/os**.

4. Agora, complete o quadro com as palavras que você acentuou na atividade anterior.

a	e	o

ORTOGRAFIA

Palavras com l ou u

1. Observe as imagens.

cauda   jornal   balde   mingau

a) Circule os nomes em que as letras **l** e **u** estão em final de palavra.

b) Sublinhe os nomes em que as letras **l** e **u** estão em final de sílaba, no meio da palavra.

2. Complete as palavras abaixo com **l** ou **u** e, depois, copie-as no quadro.

a) carrete_____

b) sina_____

c) bacalha_____

d) canavia_____

e) o_____riço

f) cerea_____

g) to_____ro

h) le_____

i) a_____fafa

j) corone_____

k) come_____

l) ca_____le

L	U

3. Leia em voz alta o nome do que está representado em cada imagem. Depois, escreva esses nomes nas linhas abaixo, de acordo com as indicações.

a)
c)
e)
g)
b)
d)
f)
h)

Palavras com **u**

Palavras com **l**

_____   _____

_____   _____

_____   _____

_____   _____

4. Separe as sílabas e, depois, reescreva as palavras.

a) autoridade _____ _____

b) cacau _____ _____

c) automóvel _____ _____

d) calçado _____ _____

e) potencial _____ _____

5. Leia a cantiga e faça o que se pede.

Lá vem o caracol,
Caracol, caracol.
Estica suas anteninhas,
Pra quê? Pra tomar sol!

Cantiga.

a) Quais são as palavras que rimam?

_____

b) Além de **caracol**, que outra palavra se repete no texto? Circule-a.

6. Escolha uma das opções para recriar o último verso da cantiga. A frase escolhida deve rimar com os versos dela.

☐ Pra quê? Pra tomar iogurte!   ☐ Pra quê? Pra tomar chuva!

☐ Pra quê? Pra jogar futebol!   ☐ Pra quê? Pra pegar um ar!

7. Observe as imagens e complete as frases com a palavra mais adequada.

a) Eu _____ (sou/sol) muito sensível ao _____ (sou/sol).

b) A _____ (cauda/calda) do bichinho esbarrou na _____ (cauda/calda) do doce.

CAPÍTULO 10

GRAMÁTICA

Substantivos próprios e comuns

Leia o trecho de uma notícia publicada em um *site* na internet.

CACHORRO SKATISTA CHAMADO "TOTÓ" FAZ MANOBRAS COM O DONO EM PRAÇA DE BH

Um pequeno cachorro chamado Totó é "adepto" do *skate*, esporte que ele já pratica há mais de um ano, na Praça da Assembleia, em Belo Horizonte, Minas Gerais. Na companhia do dono, o cãozinho passeia pelo local e encanta os visitantes diariamente.

O animal está bastante acostumado a acompanhar o tutor, Marco Antônio, um praticante de *skate* há 45 anos. O homem treina todo dia com o companheiro canino.

[...]

Cachorro skatista [...]. *UOL Bichos*, São Paulo, 20 out. 2020. Disponível em: www.uol.com.br/bichos/noticias/2020/10/20/cachorro-skatista-chamado-toto-faz-manobras-em-praca-de-belo-horizonte.htm. Acesso em: 14 mar. 2022.

Totó, **cachorro**, *skate*, **Belo Horizonte**, **dono** e **Marco Antônio** são exemplos de nomes.

As palavras que nomeiam pessoas, lugares, animais, objetos, sentimentos, instituições, personagens do folclore e da mitologia são chamadas de **substantivos**.

Os substantivos podem ser **comuns** ou **próprios**.

A palavra **cachorro** é um **substantivo comum** porque é um nome que serve para todos os cães, sem indicar um em especial. Todo cachorro pode ser chamado de **cachorro**.

> Os **substantivos comuns** são escritos com letra inicial minúscula.

Totó é um **substantivo próprio** porque dá nome a determinado cachorro, diferenciando-o de todos os outros.

Cada pessoa, cada lugar, cada cidade, cada país tem seu nome.

> Os **substantivos próprios** devem ser escritos com letra inicial maiúscula.

ATIVIDADES

1. Complete as frases com o substantivo adequado.

a) Eu me chamo _____.

b) Moro na cidade de _____.

c) Estudo na escola _____.

d) O meu bairro chama-se _____.

2. Você completou as frases da atividade anterior com substantivos _____.

3. Complete as frases com substantivos comuns que indiquem profissões.

a) A _____ trata dos doentes.

b) O _____ conserta os sapatos.

c) O _____ dirige carros de corrida.

d) A _____ escreve as matérias do jornal.

e) A _____ faz desenhos lindos!

4. Empregue os substantivos próprios. Siga o modelo.

> Ele é goiano. Nasceu em Goiás.

a) Ele é maranhense. Nasceu no _____.

b) Ela é mineira. Nasceu em _____.

c) Ele é argentino. Nasceu na _____.

d) Ela é francesa. Nasceu na _____.

5. Leia a tirinha e faça o que se pede.

> **Quadrinho 1:** É UMA FANTASIA DE CARMEM MIRANDA!
> **Quadrinho 2:** GOSTEI MUITO!
> **Quadrinho 3:** POIS EU NÃO!
> **Quadrinho 4:** ESSAS FRUTAS SÃO DE CERA, ARMANDINHO...

Alexandre Beck. *Armandinho*, [s. l.], [20--]. Disponível em: http://tirasarmandinho.tumblr.com. Acesso em: 14 mar. 2022.

a) Armandinho não gostou:

☐ da fantasia da amiga.

☐ da fruta que ele pegou no chapéu da fantasia.

b) No último quadrinho, a menina fantasiada de Carmem Miranda parece estar irritada com Armandinho. Circule as partes do desenho que demonstram isso.

6. Releia a tira da atividade anterior e copie:

a) os substantivos comuns.

_____

b) os substantivos próprios.

_____

_____

7. Leia a frase e faça o que se pede.

> Armandinho comeu a banana.

a) Copie a palavra que indica a ação representada na frase. _____

b) Sublinhe o substantivo que indica quem praticou a ação.

c) Circule o substantivo que representa o objeto que sofreu a ação.

63

ORTOGRAFIA

Palavras com g ou j

1. Monte o nome dos seres e objetos representados pelas imagens utilizando as sílabas do quadro.

| ras | gir | be | la | gi | sol | rin | ção | in | pe | fa | ra | ji | je |

a)

b)

c)

d)

2. Siga as flechas, junte as sílabas e forme as palavras.

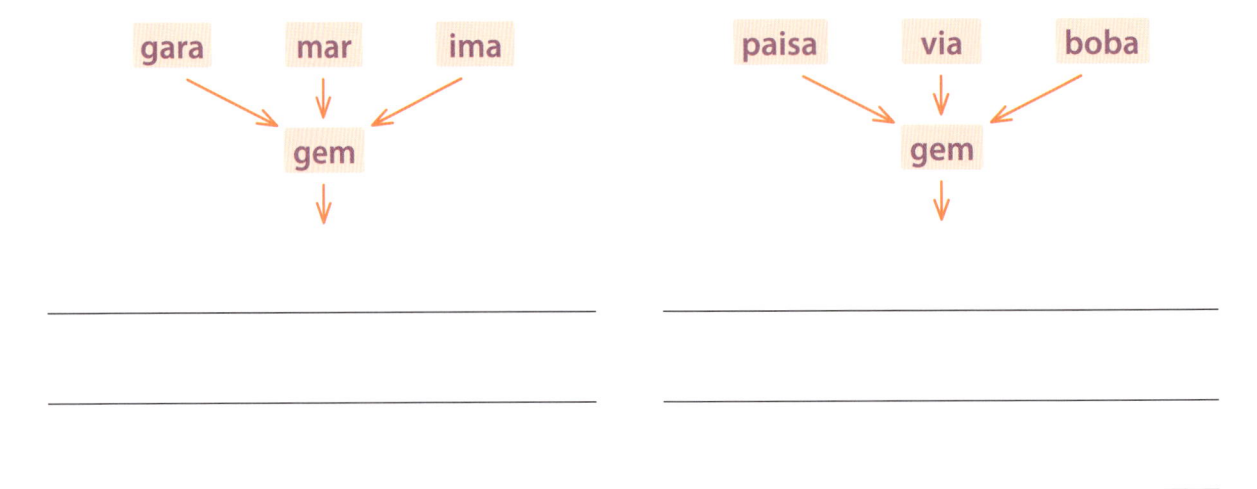

gara   mar   ima
        ↓
       gem
        ↓

paisa   via   boba
         ↓
        gem
         ↓

_____

_____

_____

_____

_____

_____

3. Leia esta quadrinha.

> Laranjeira pequenina
> Carregadinha de flores.
> Eu também sou pequenina
> Carregadinha de amores.

Quadrinha.

a) Quais pares de palavras rimam? Copie-os.

_____

b) Quais palavras se repetem? Circule-as na quadrinha.

4. Use **g** ou **j** para completar as palavras. Observe a letra destacada na palavra inicial.

a) laran**j**a ⟶ laran____eira   laran____ada   alaran____ado

b) **g**elo ⟶ ____eladeira   ____eleira   ____elado

c) su**j**o ⟶ su____eira   su____idade   su____ar

d) **j**eito ⟶ a____eitado   a____eitar   ____eitoso

e) **g**ema ⟶ ____emada

f) ma**g**ia ⟶ má____ico

5. Complete as lacunas com palavras que contenham **g** ou **j** de acordo com as imagens.

a) A parede está pintada na cor _____.

b) Havia salada de _____ no almoço.

c) O suco está na _____.

d) A_____ estava sobre a grama.

CAPÍTULO 11

GRAMÁTICA

Gênero do substantivo

Leia o trava-língua e observe as palavras em destaque.

O **rato** roeu a roupa do **rei** de Roma.

Trava-língua.

Os substantivos podem variar em **gênero**, ou seja, podem estar no:

masculino: rat**o**
feminino: rat**a**

Antes dos substantivos masculinos, usamos **o** ou **um**:

o rato/**um** rato

Antes dos substantivos femininos, usamos **a** ou **uma**:

a rata/**uma** rata

Observe que a palavra **rato** passa do masculino para o feminino ao trocarmos apenas a letra final **o** por **a**:

rat**o** – rat**a**

Alguns substantivos masculinos têm a forma feminina com palavras diferentes:

rei – rainha
boi – vaca

Agora, leia este trecho de texto observando os termos destacados.

Caneca de **lata**,
leite e açúcar.
Bolacha de **nata**,
pão de **sal**.

Regina Rennó. *Cheiro de mato*. São Paulo: Editora do Brasil, 2010. p. 7.

Existem substantivos masculinos que não têm forma feminina correspondente:

o leite
o sal

Da mesma forma, existem substantivos femininos que não têm forma masculina correspondente:

a lata
a nata

Veja no quadro abaixo o feminino de algumas palavras:

Masculino	Feminino	Masculino	Feminino
anão	anã	**duque**	duquesa
ator	atriz	**genro**	nora
avô	avó	**herói**	heroína
barão	baronesa	**homem**	mulher
bode	cabra	**imperador**	imperatriz
boneco	boneca	**ladrão**	ladra
cão	cadela	**leão**	leoa
carneiro	ovelha	**padrasto**	madrasta
cavalo	égua	**padrinho**	madrinha

67

ATIVIDADES

1. Leia o conto e observe as palavras destacadas.

A princesa e a ervilha

Era uma vez um **príncipe** que visitou muitos reinos à procura de uma **princesa** para se casar.

Contudo, sempre se desanimava, a ponto de duvidar se seria possível encontrar sua verdadeira amada.

Após muitas tentativas, ele retornou desiludido para seu **palácio**.

Em uma noite tempestuosa, ouvia-se, a distância, alguém a chamar atrás do portão.

Era uma **donzela** encharcada e despenteada. A água escorria pelo rosto e pelos sapatos.

Ela afirmou ser uma princesa.

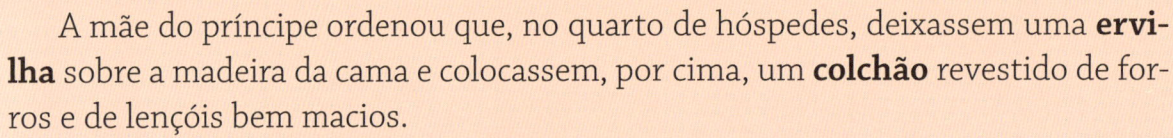

[...]

A mãe do príncipe ordenou que, no quarto de hóspedes, deixassem uma **ervilha** sobre a madeira da cama e colocassem, por cima, um **colchão** revestido de forros e de lençóis bem macios.

Mandou também que empilhassem, ao todo, sete colchões.

Na manhã seguinte, perguntaram à jovem se havia dormido bem.

— Oh! Muito mal! Não consegui fechar os olhos durante toda a noite. Algo deixou meu corpo dolorido. Tive a impressão de estar deitada sobre um objeto esférico, resistente, pequenino. Foi horrível!

Com esse teste, a família real certificou-se de que a jovem era honesta. Somente uma legítima princesa sentiria o incômodo provocado por um grão de ervilha.

O príncipe finalmente se casou com a princesa. E foram felizes para sempre.

Brasil. Ministério da Educação. *A princesa e a ervilha*. Brasília, DF: MEC, 2020. p. 3-14. (Coleção Conta pra Mim). Disponível em: http://alfabetizacao.mec.gov.br/images/conta-pra-mim/livros/versao_digital/a_princesa_e_a_ervilha_versao_digital.pdf. Acesso em: 20 jan. 2022.

- Agora, complete o quadro com as palavras destacadas no texto.

Substantivos masculinos	Substantivos femininos

2. Faça um **X** no quadrado que indica o protagonista da história.

> **Protagonista** é o personagem principal de uma história.

☐ o príncipe ☐ a princesa ☐ a mãe do príncipe

3. Assinale o fato que faz com que a história aconteça.

☐ a chuva ☐ a ervilha embaixo dos colchões

☐ o aparecimento da princesa ☐ o casamento do príncipe com a princesa

4. Circule, no conto, a fala da princesa.

5. Por que a mãe do príncipe colocou uma ervilha embaixo de sete colchões para a princesa dormir?

_____

6. Se a princesa não percebesse a ervilha sob os colchões, teria havido casamento? Por quê?

_____

_____

7. Dê o feminino de:

a) um senhor

_____

b) o imperador

_____

c) o compadre

_____

d) um autor

_____

e) um rei

_____

f) o ladrão

_____

g) um cão

_____

h) o pintor

_____

ORTOGRAFIA

Palavras com s ou ss

> Para representar o som de **s**:
> - usamos **ss** quando o som está entre vogais;
> - usamos **s** quando o som está entre consoante e vogal.

ATENÇÃO
Não iniciamos palavras com **ss**.

1. Complete as palavras com **s** ou **ss**.

a) _____aia

b) a_____ento

c) pul_____o

d) de_____can_____ar

e) sal_____icha

f) to_____e

g) _____audade

h) ama_____ado

i) pê_____ego

j) can_____aço

k) po_____uir

l) mi_____a

m) gan_____o

n) con_____erto

o) po_____ível

p) con_____elho

q) pre_____a

r) con_____olo

2. Faça como nos modelos.

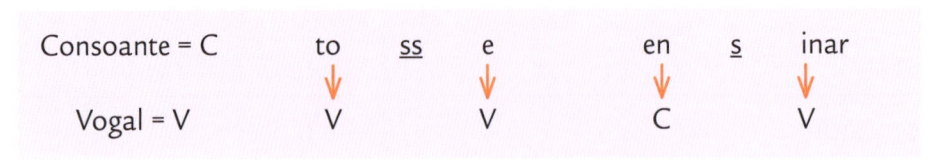

Consoante = C	to	ss	e	en	s	inar
Vogal = V	V	V	V	C	V

a) con s ulta

c) dispen s ar

b) a ss unto

d) pa ss agem

3. Ordene as sílabas dos quadros e copie as frases.

a) A | fes | pro | so | ra | pediu que a | se | clas | fizesse silêncio.

_____

_____

b) Ela queria | sar | con | ver | sobre um | to | as | sun | importante.

_____

_____

c) Ela | se | dis | que os alunos fariam um | sei | o | pas | no campo.

_____

4. Escreva o nome dos objetos representados pelas imagens e separe as sílabas.

a)   b)   c)

_____   _____   _____

_____   _____   _____

5. Complete as palavras com **s** ou **ss**. Depois, copie-as no quadro nas colunas corretas.

a) con_____eguir   c) aniver_____ário   e) en_____inar

b) gira_____ol   d) pá_____aro   f) progre_____o

Palavras com S	Palavras com SS

CAPÍTULO 12

GRAMÁTICA

Número do substantivo

Leia este trecho de poema.

> **O dia** amanheceu ensolarado
> e **o mundo** despertou muito animado.
> Pessoas caminhavam apressadas,
> umas rindo, falando...
> Outras sérias, caladas.
>
> Os carros, lá nas cidades,
> cruzavam **as avenidas**.
> Nos campos, **os lavradores**
> iam tocando suas vidas.
>
> [...]

Therezinha Malta. *O papel de todos*. São Paulo: Editora do Brasil, 2014. p. 4.

Observe os termos destacados no texto:

| o dia | as avenidas |
| o mundo | os lavradores |

As palavras **dia** e **mundo** estão no **singular**. O singular indica um só elemento.

As palavras **avenidas** e **lavradores** estão no **plural**. O plural indica mais de um elemento.

Os substantivos podem variar em número, ou seja, podem estar no **singular** ou no **plural**.

Antes dos substantivos no singular, usamos artigos no singular: **o**, **a**, **um**, **uma**.
Antes dos substantivos no plural, usamos artigos no plural: **os**, **as**, **uns**, **umas**.

Para formar o plural, geralmente acrescentamos **s** no final das palavras:

a borboleta → as borboletas

Há palavras cujo plural é formado por **modificações no seu final**:

a flor → as flores   o homem → os homens   um pão → uns pães

Algumas palavras não se modificam e, para indicar o singular e o plural, usamos os artigos:

um lápis → **uns** lápis   **o** tênis → **os** tênis   **o** ônibus → **os** ônibus

Observe, no quadro abaixo, o plural das palavras conforme suas terminações:

Palavras terminadas em EL		Palavras terminadas em M	
anel →	anéis	**amendoim** →	amendoins
carrossel →	carrosséis	**bombom** →	bombons
papel →	papéis	**homem** →	homens
túnel →	túneis	**jardim** →	jardins

Palavras terminadas em AL ou OL		Palavras terminadas em R	
animal →	animais	**abajur** →	abajures
anzol →	anzóis	**colher** →	colheres
caracol →	caracóis	**dor** →	dores
final →	finais	**mar** →	mares

Palavras terminadas em S ou Z		Palavras terminadas em ÃO	
gás →	gases	**cão** →	cães
nariz →	narizes	**gavião** →	gaviões
país →	países	**pão** →	pães
paz →	pazes	**violão** →	violões

ATIVIDADES

1. Leia a fábula e complete o quadro.

A Cegonha e a Raposa

A Raposa convidou sua amiga Cegonha para almoçar. Preparou um banquete, tudo bem molinho, como uma sopa. Porém, serviu as refeições sobre a pedra.

A ave tentou se alimentar, mas, como tinha um bico longo, machucou-se e voltou faminta para sua moradia.

Em outra oportunidade, a Cegonha convidou a Raposa para a merenda. Quitutes gostosos foram elaborados com carinho e servidos em vasilhas estreitas e longas.

A Raposa fez várias tentativas, mas seu focinho não alcançou a comida. Desta vez, foi ela que voltou esfomeada para casa.

Brasil. Ministério da Educação. *A Cegonha e a Raposa e outras histórias*. Brasília, DF: MEC, 2020. p. 3-6. (Coleção Conta pra Mim). Disponível em: http://alfabetizacao.mec.gov.br/images/conta-pra-mim/livros/versao_digital/a_cegonha_e_a_raposa_versao_digital.pdf. Acesso em: 8 mar. 2022.

Personagens	O que preparou	Em que recipiente colocou o alimento	Como sua convidada reagiu
Cegonha	quitutes gostosos		Não conseguiu enfiar o focinho na vasilha estreita.
Raposa			Machucou seu bico ao tentar pegar a comida.

2. Releia a fábula e copie:

a) uma palavra no plural do primeiro parágrafo.

_____

b) duas palavras no singular do penúltimo parágrafo.

_____

3. Marque a frase que mostra o ensinamento da fábula.

☐ Os verdadeiros amigos são sempre leais.

☐ Trate os outros como deseja ser tratado.

☐ É melhor se preparar para as dificuldades.

4. Complete os quadradinhos com o nome dos objetos representados pelas imagens no plural.

5. Complete as colunas com as palavras do quadro.

| o ônibus | a maçã | os anões | o tênis | as baleias |
| o atlas | as emas | os óculos | a árvore | os grilos |

Singular	Plural

ORTOGRAFIA

Palavras com as, es, is, os ou us

1. No diagrama, circule seis palavras com **as**, **es**, **is**, **os** e **us**. Depois, copie-as nas linhas.

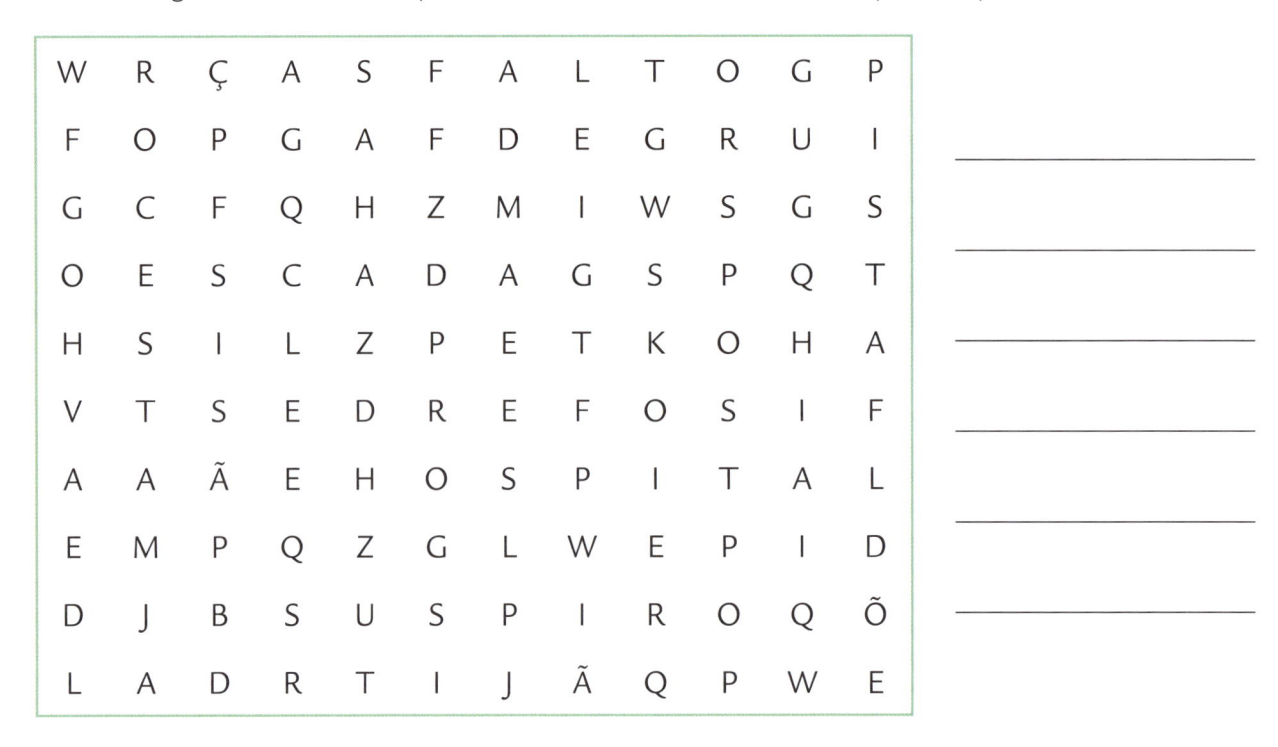

W	R	Ç	A	S	F	A	L	T	O	G	P
F	O	P	G	A	F	D	E	G	R	U	I
G	C	F	Q	H	Z	M	I	W	S	G	S
O	E	S	C	A	D	A	G	S	P	Q	T
H	S	I	L	Z	P	E	T	K	O	H	A
V	T	S	E	D	R	E	F	O	S	I	F
A	A	Ã	E	H	O	S	P	I	T	A	L
E	M	P	Q	Z	G	L	W	E	P	I	D
D	J	B	S	U	S	P	I	R	O	Q	Õ
L	A	D	R	T	I	J	Ã	Q	P	W	E

_____

_____

_____

_____

_____

_____

2. Escreva o nome dos seres e objetos representados pelas imagens no plural e, depois, separe as sílabas.

a)

b)

c)

d)

e)

f)

3. Complete as palavras com **as**, **es**, **is**, **os** ou **us**. Depois, copie-as.

a) _____quilo _____

b) _____tra _____

c) h_____tória _____

d) _____tro _____

e) s_____to _____

f) c_____tura _____

g) l_____tre _____

h) c_____ne _____

i) c_____telo _____

j) t_____ta _____

4. Leia a **sinopse** da animação *Soul* e circule as palavras que contenham **as**, **es**, **is**, **os** ou **us**.

> A **sinopse** é a apresentação resumida de uma obra.

Em *Soul*, duas perguntas se destacam: Você já se perguntou de onde vêm sua paixão, seus sonhos e seus interesses? O que é que faz de você... Você? A Pixar Animation Studios nos leva a uma jornada pelas ruas da cidade de Nova York e aos reinos cósmicos para descobrir respostas às perguntas mais importantes da vida. Dirigido por Pete Docter e produzido por Dana Murray.

Soul. *Adoro Cinema*, [s. l.], [20--]. Disponível em: www.adorocinema.com/filmes/filme-251354. Acesso em: 21 jan. 2022.

- Essa sinopse foi publicada em um *site* especializado em filmes e animações. Marque o público que poderia se interessar em ler esse texto.

  ☐ Somente crianças.

  ☐ Somente adultos.

  ☐ Todos os interessados em filmes em geral.

5. Você já assistiu a esse filme? Se não, depois de ler essa sinopse, ficou interessado? Por quê?

_____

_____

CAPÍTULO 13

GRAMÁTICA

Grau do substantivo

Leia o texto e observe as palavras destacadas.

Se você fosse um rio, que tipo de rio gostaria de ser?

Um rio poluído, que passa entre as pedras levando com ele o lixo do mundo?
Um rio limpo, de águas transparentes...
Com **pedrinhas** no fundo, peixes grandes e pequenos?

Um rio bem grande, com muitos afluentes?
Um **riozinho** escondido no meio da mata?

Um rio que faz curvas e dá muitas voltas, esparramando suas águas pelo caminho...?
Um rio apressado que corre pro mar?

Nye Ribeiro. *Jeito de ser*. São Paulo: Editora do Brasil, 2013. p. 14-15.

No texto, foram utilizadas duas palavras no grau diminutivo. Veja:

pedras → **pedrinhas**   rio → **riozinho**

Para indicar tamanho, o substantivo pode variar. As variações de tamanho que os substantivos indicam são chamadas de **grau**.

O grau indica tamanho **maior** ou **menor** do que o normal.

Os graus do substantivo são **diminutivo** e **aumentativo**.

O **grau diminutivo** indica um tamanho **menor** do que o normal.

O **grau aumentativo** indica um tamanho **maior** do que o normal.

Observe este exemplo:

gato		gatinho		gatão

O substantivo **gato** indica um gato de tamanho normal.
Quando queremos indicar um gato **pequeno**, dizemos **gatinho**, que é o **diminutivo**.
Quando queremos indicar um gato **grande**, dizemos **gatão**, que é o **aumentativo**.
Conheça o diminutivo de alguns substantivos no quadro abaixo:

amigo	→ amiguinho		**flor**	→ florzinha
animal	→ animalzinho		**homem**	→ homenzinho
avião	→ aviãozinho		**lugar**	→ lugarzinho, lugarejo
bola	→ bolinha		**menino**	→ menininho
caixa	→ caixinha		**nariz**	→ narizinho
cão	→ cãozinho		**porco**	→ porquinho
casa	→ casinha		**rapaz**	→ rapazinho

Agora, conheça o aumentativo de alguns substantivos:

amigo	→ amigão		**forno**	→ fornalha
animal	→ animalão, animalaço		**garrafa**	→ garrafão
boca	→ bocarra		**homem**	→ homenzarrão
cão	→ canzarrão		**menino**	→ meninão
carro	→ carrão		**nariz**	→ narigão
casa	→ casarão		**rapaz**	→ rapagão
dente	→ dentão		**rocha**	→ rochedo
fogo	→ fogaréu		**voz**	→ vozeirão

79

ATIVIDADES

1. Leia o trecho de uma notícia e complete o quadro.

CADELA QUE NUNCA TEVE FILHOTES ADOTA GATINHOS, EM VIANÓPOLIS

Belinha, como é chamada pelo dono, leva os animais para seu cobertor e passa o dia deitada ao lado deles. [...].

Uma cadela adotou três filhotes de gato, em Vianópolis, na região sul de Goiás. O autônomo Adriano Gonçalves, de 57 anos, conta que o pai dele, o aposentado João Batista de Araújo, de 89 anos, é o dono da cachorrinha e da gata de estimação, que deu à luz os filhotes.

[...]

Os três gatinhos nasceram há uma semana, no bairro Santo Agostinho. Segundo Adriano, a gata amamenta os filhotes, mas quem passa o dia todo cuidando deles é a cadela Belinha, que nunca foi mãe.

[...]

Vanessa Chaves. Cadela que nunca [...]. *G1*, Goiás, 15 dez. 2020. Disponível em: https://g1.globo.com/go/goias/noticia/2020/12/15/cadela-que-nunca-teve-filhotes-adota-gatinhos-em-vianopolis.ghtml. Acesso em: 21 jan. 2022.

Quem participou do fato?	
Onde aconteceu?	
Quando aconteceu?	
Como aconteceu?	

2. Os *sites* de notícias costumam publicar fatos que chamam a atenção do público. Por que essa notícia chama a atenção do leitor?

_____

_____

3. Circule, na notícia, três palavras que foram empregadas no diminutivo.

4. Escreva as palavras no grau diminutivo.

a) coelho _____

b) flor _____

c) irmã _____

d) leão _____

e) porco _____

f) trem _____

g) mesa _____

h) casa _____

i) lugar _____

j) garoto _____

5. Escreva o aumentativo das palavras a seguir.

a) homem _____

b) menina _____

c) animal _____

d) cão _____

e) amiga _____

f) nariz _____

g) sapo _____

h) casa _____

i) pé _____

j) fogo _____

6. Complete o quadro com os diferentes graus dos substantivos.

Diminutivo	Normal	Aumentativo
	boca	
borboletinha		
	criança	criançona
		lobão
	mão	
moranguinho		
		peixão
	rapaz	
tatuzinho		tatuzão

7. Forme o plural e, depois, o diminutivo desse plural. Siga o modelo.

cão ⟶ cães ⟶ cãezinhos

a) irmão _____ _____

b) avião _____ _____

c) chapéu _____ _____

d) jornal _____ _____

e) anel _____ _____

8. Identifique os plurais dos diminutivos dos seres e objetos representados pelas imagens abaixo e escreva-os no diagrama de acordo com a numeração correspondente.

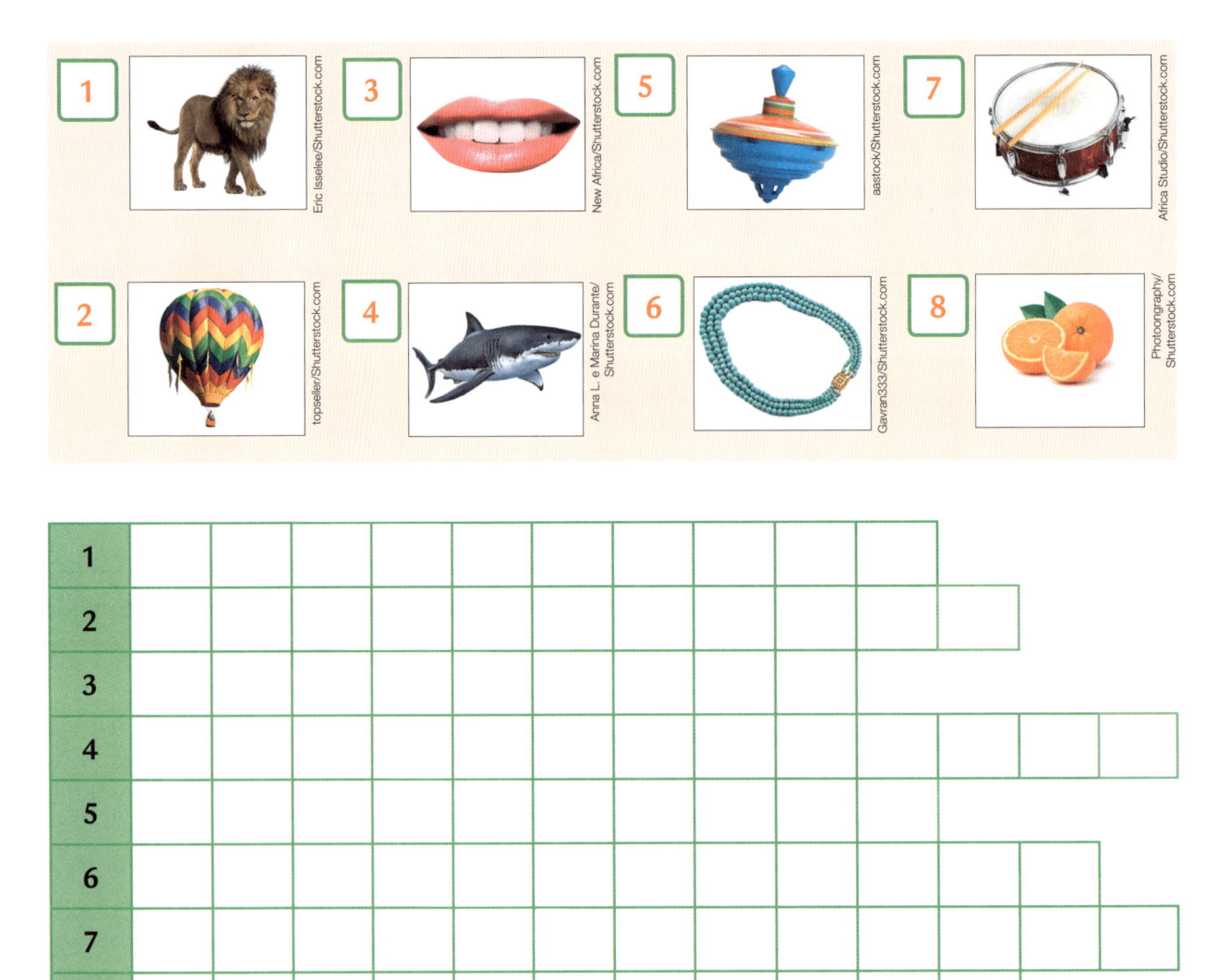

ORTOGRAFIA

Palavras com s representando o som de z

> A letra **s** entre duas vogais representa o som de **z**.

1. Leia o trecho da reportagem e observe as palavras com **s**. Depois, faça o que se pede.

O CURIOSO CASO DA RAPOSA QUE ROUBOU MAIS DE 100 SAPATOS EM BERLIM

Depois que moradores de uma área residencial de Berlim, na Alemanha, perceberam que diversos pares de sapatos e tênis estavam sumindo, uma pequena busca revelou a responsável pelo roubo: uma raposa. [...]

Parte dos calçados roubados eram sandálias da marca Crocs, notórios por suas diversas cores e furos característicos. Entretanto, ainda não existe explicação pela preferência da raposa, tanto pela marca quanto pelos itens. [...]

Caio Tortamano. O curioso caso [...]. *Aventuras na História*, São Paulo, 8 set. 2020. Disponível em: https://aventurasnahistoria.uol.com.br/noticias/almanaque/o-curioso-caso-da-raposa-que-roubou-mais-de-100-sapatos-em-berlim.phtml. Acesso em: 24 jan. 2022.

a) Copie do título do texto as palavras em que o **s** representa o som de **s**.

_____

b) Agora, copie do título do texto as palavras em que o **s** representa o som de **z**.

_____

2. Complete as palavras com **s** ou **z** e, depois, copie-as.

a) blu____a

b) bu____ina

c) bele____a

d) an____ol

e) de____enho

f) pai____agem

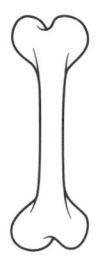

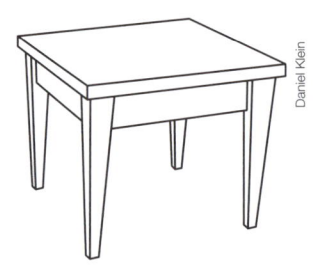

3. Pinte as imagens cujos nomes dos objetos são escritos com a letra **s** mas que, ao serem pronunciados, emitem o som representado pela letra **z**.

4. Reescreva as frases abaixo substituindo as imagens pelas palavras correspondentes.

a) Marisa ganhou um   .

_____

b) O   era um   .

_____

c) Ela cuidou do   como se fosse um   .

_____

_____

5. Ordene as sílabas e escreva as palavras.

a) zi | vi | nho _____

b) ra | la | pi | sei _____

c) sei | ro | ra _____

d) ze | a | do _____

e) vi | a | so _____

f) za | a | mi | de _____

84

CAPÍTULO 14

GRAMÁTICA

Substantivos coletivos

Leia a parlenda e observe as palavras e as imagens destacadas.

Por detrás daquele morro,
passa **boi**, passa **boiada**,
também passa moreninha,
de cabelo cacheado.

Parlenda.

boi

boiada

A palavra **boiada** indica um conjunto de bois.
Boiada é o **substantivo coletivo** de bois.

> **Substantivo coletivo** é aquele que, no singular, indica uma coleção ou um conjunto de seres ou objetos de mesma espécie.

Aprenda outros substantivos coletivos observando o quadro abaixo:

álbum	→	de retratos	enxame	→ de abelhas
alcateia	→	de lobos	matilha	→ de cachorros
bando	→	de aves	ninhada	→ de pintos, de ovos
batalhão	→	de soldados	penca	→ de bananas
cacho	→	de uvas	quadrilha	→ de ladrões
cardume	→	de peixes	ramalhete	→ de flores
constelação	→	de estrelas	rebanho	→ de carneiros, ovelhas
esquadra	→	de navios	tropa	→ de burros
esquadrilha	→	de aviões	vocabulário	→ de palavras

Também são coletivos:

algodoal	→	de algodão	**milhar**	→	de mil unidades
bimestre	→	de dois meses	**passarada**	→	de pássaros
centena	→	de cem unidades	**século**	→	de cem anos
dezena	→	de dez unidades	**semestre**	→	de seis meses
meninada	→	de meninos/meninas	**trimestre**	→	de três meses

ATIVIDADES

1. Escreva a que seres e objetos correspondem os coletivos abaixo. Se necessário, consulte o dicionário.

a) resma _____

b) biblioteca _____

c) arquipélago _____

d) enxoval _____

e) multidão _____

f) banda _____

g) time _____

h) elenco _____

2. Circule no diagrama os coletivos correspondentes aos substantivos listados a seguir.

navios   burros   abelhas   dez anos   árvores frutíferas

S	B	H	Q	R	A	N	O	A	X	D
B	P	B	E	S	Q	U	A	D	R	A
U	O	V	X	W	G	I	L	Q	C	F
S	M	A	M	R	P	T	R	O	P	A
C	A	S	F	J	S	X	J	G	H	Z
J	R	Q	I	D	É	C	A	D	A	C
N	P	A	G	W	R	A	P	Q	I	Z
F	E	N	X	A	M	E	Y	T	G	L
K	P	L	A	Q	X	O	Ç	R	B	N

3. Leia o texto abaixo.

PEIXES FICAM ESTRESSADOS LONGE DO CARDUME

Peixes que vivem em recifes de coral gostam de companhia. Eles ficam estressados e perdem peso quando estão separados uns dos outros, o que afeta sua capacidade de sobreviver, revelou um estudo publicado nesta quinta-feira (22).

Cardume.

Cientistas da Universidade James Cook, na Austrália, estudaram peixes-donzela capturados na Grande Barreira de Corais australiana. Para tentar saber por que os animais preferiam se socializar, os pesquisadores isolaram alguns deles e mantiveram outros juntos em cardumes.

[...]

Distúrbios naturais, como ciclones tropicais, às vezes podem dispersar companheiros de cardume. Mas se se mantêm juntos, peixes não queimam energia tão rapidamente, o que os ajuda a sobreviver e se reproduzir.

[...]

Peixes ficam estressados longe do cardume. *Ambiente Brasil*, [s. l.], 24 set. 2016. Disponível em: https://noticias.ambientebrasil.com.br/clipping/2016/09/24/133922-peixes-ficam-estressados-longe-do-cardume.html. Acesso em: 24 jan. 2022.

- Agora, assinale a alternativa que lhe pareça mais adequada.

    ☐ O texto apresenta informações sobre o comportamento dos peixes.

    ☐ O texto é um poema sobre peixes e animais marinhos.

    ☐ O texto é uma cantiga popular sobre peixes.

4. Copie do texto um substantivo coletivo: _____.

5. Assinale os itens que apresentam informações corretas sobre o texto.

    ☐ Apresenta a história dos cardumes de peixes na Austrália.

    ☐ Trata de uma pesquisa científica sobre a importância da vida em grupo para os peixes.

    ☐ Está organizado em parágrafos, com um título que informa o assunto ao leitor.

ORTOGRAFIA

Palavras com nha, nhe, nhi, nho ou nhu

1. Leia a quadrinha, circule as palavras que têm **nh** e, em seguida, reescreva-as.

> Salada, saladinha
> bem temperadinha
> com sal, pimenta
> fogo, foguinho.
>
> Quadrinha.

_____

2. Assinale as palavras que rimam na quadrinha.

☐ salada

☐ temperadinha

☐ pimenta

☐ saladinha

3. Leia em voz alta as palavras abaixo. Depois, escreva o som representado por um grupo de letras que se repete em todas elas.

| salada | saladinha | sal |

_____

4. Marque verdadeiro (**V**) ou falso (**F**) nas alternativas abaixo.

☐ A repetição de sons semelhantes traz mais ritmo e sonoridade à quadrinha.

☐ A quadrinha usa as rimas como um recurso sonoro.

☐ A quadrinha não apresenta repetição de sons.

☐ A quadrinha foi organizada em versos que compõem uma estrofe.

☐ A quadrinha foi organizada em frases que compõem um parágrafo.

5. Com a ajuda do professor, decifre as palavras e ligue cada uma à imagem que a representa.

a)  – o + inha = _____

b)  – to + inha = _____

c)  – a + inho = _____

d) – ó + inho = _____

e)  – onja + inho = _____

6. Copie as palavras e separe as sílabas.

a) caminho _____ _____

b) vizinho _____ _____

c) castanha _____ _____

d) nenhuma _____ _____

e) amanhecer _____ _____

7. Separe as sílabas dos nomes dos seres e objetos representados pelas imagens e preencha o diagrama.

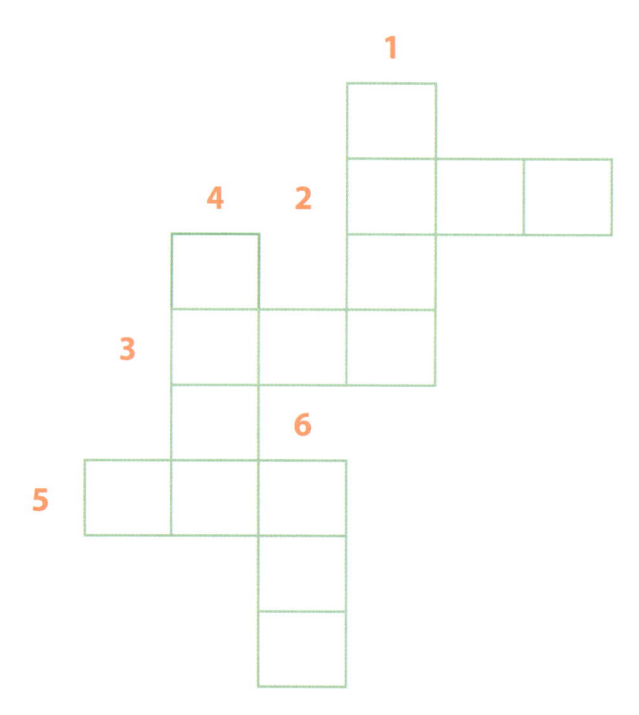

- Agora, escolha três das palavras do diagrama e escreva uma frase com cada uma delas.

_____

_____

_____

CAPÍTULO 15

GRAMÁTICA

Artigo definido e artigo indefinido

Leia a tirinha a seguir.

Clara Gomes. Com limão. *Bichinhos de Jardim*, [s. l.], 17 dez. 2007. Disponível em: https://bichinhosdejardim.com/com-limao/. Acesso em: 24 jan. 2022.

Observe estes exemplos retirados da tira:

um limão   **a** vida   **um** chapéu

As palavras destacadas acima são **artigos**. Os artigos acompanham o substantivo e indicam se sua flexão está no masculino ou feminino, singular ou plural.

Veja, agora, estes outros exemplos de artigos:

a velhinha → **uma** velhinha
as velhinhas → **umas** velhinhas
o gato → **um** gato
os gatos → **uns** gatos

> **Artigo** é a palavra que vem antes do substantivo, devendo sempre estar no mesmo **gênero** e **número**.

Os artigos podem ser **definidos** (o, a, os, as) ou **indefinidos** (um, uma, uns, umas).

ATIVIDADES

1. Leia o cartaz e sublinhe o *slogan*. Depois, circule o artigo definido que você encontrar.

15 de outubro
Dia Mundial de
Lavar as mãos

Lave suas mãos e salve vidas!

UNIFESP
TELESSAÚDE SÃO PAULO
MINISTÉRIO DA SAÚDE

Ministério da Saúde

ATENÇÃO

Slogan é uma frase curta e fácil de lembrar usada em anúncios.

Cartaz de conscientização do Dia Mundial de Lavar as Mãos divulgado pelo Ministério da Saúde de São Paulo, São Paulo, 2021.

2. Assinale as alternativas corretas.

☐ O *slogan* está escondido no cartaz e apenas um leitor atento consegue descobri-lo.

☐ O *slogan* está destacado e se confunde com as imagens que ilustram o cartaz.

☐ O *slogan* está inserido em uma faixa branca, que destaca a mensagem para os leitores.

☐ Os personagens ilustrados estão em tamanho grande e centralizados no cartaz, para chamar a atenção do público.

3. Os personagens do cartaz estão de mãos dadas. Qual das frases abaixo melhor representa a ideia dessa ilustração?

☐ A amizade entre a água, o sabão e as mãos.

☐ Uma brincadeira de roda.

☐ A união entre as pessoas.

☐ As pessoas podem dar as mãos quando estas estão lavadas.

4. Ao lado de cada palavra, escreva os artigos definidos e indefinidos que podem acompanhá-las.

_____ água   _____ sabão   _____ mão

5. Leia a fábula. Sublinhe os artigos definidos e circule os artigos indefinidos que aparecem nela.

O cão e o osso

Um dia, um cão ia atravessando uma ponte, carregando um osso na boca.

Olhando para baixo, viu sua própria imagem refletida na água. Pensando ver outro cão, cobiçou-lhe logo o osso e pôs-se a latir. Mal, porém, abriu a boca, seu próprio osso caiu na água e se perdeu para sempre.

Mais vale um pássaro na mão que dois voando.

Ana Rosa Abreu *et al*. *Contos tradicionais, fábulas, lendas e mitos*. Brasília, DF: Fundescola, 2000. p. 101. (Série Alfabetização: Livro do Aluno, v. 2). Disponível em: www.dominiopublico.gov.br/download/texto/me001614.pdf. Acesso em: 24 jan. 2022.

6. Quem é o personagem principal, o protagonista dessa história?

☐ o osso ☐ o cão ☐ a água

7. Assinale o acontecimento que faz com que a história aconteça.

☐ Os pássaros voando no céu enquanto o cão latia para eles.

☐ O osso que o cão desenterrou debaixo da ponte.

☐ O cão pensar que a própria imagem refletida na água era a de outro cão.

☐ O cão latir demais e espantar os pássaros.

8. As fábulas costumam apresentar uma **moral**, ou seja, um ensinamento. A moral dessa fábula é: "Mais vale um pássaro na mão que dois voando". Assinale a alternativa que explica o significado dessa frase.

☐ É melhor garantir o que temos do que ficar desejando algo que não temos.

☐ É importante ter sempre um pássaro em nossas mãos.

☐ O valor de um pássaro não é o mesmo que o valor de dois.

☐ Dois pássaros que voam são melhores do que um que não sabe voar.

ORTOGRAFIA

Palavras com za, ze, zi, zo ou zu e az, ez, iz, oz ou uz

1. Leia o trecho do texto e circule a palavra do título escrita com a letra **z**.

XADREZ, O JOGO DOS REIS, SURGIU HÁ 1500 ANOS

[...]
Faz pouco mais de 20 anos que o xadrez se tornou popular no Brasil. Mas o jogo é muito antigo! De acordo com informações do *site* do Centro de Excelência de Xadrez, o jogo surgiu há aproximadamente mil e quinhentos anos, na Índia, com o nome de Chaturanga, e pouco a pouco se transformou no atual jogo de xadrez.
[...]

Xadrez, o jogo [...]. *EBC*, [s. l.], 23 jun. 2016. Disponível em: https://memoria.ebc.com.br/infantil/voce-sabia/2016/06/xadrez-o-jogo-dos-reis-surgiu-ha-1500-anos. Acesso em: 27 jan. 2022.

2. Assinale a alternativa que melhor caracteriza o texto que você leu.

☐ O texto instrucional explica detalhadamente as regras do jogo de xadrez.

☐ O texto informativo apresenta o tradicional jogo de xadrez e sua origem indiana.

3. Complete as palavras usando **az**, **ez**, **iz**, **oz**, **uz** ou **za**, **ze**, **zi**, **zo**, **zu**. Depois, reescreva-as.

a) nature____ _____

b) cart____ _____

c) ____ro _____

d) rapid____ _____

e) ra____ _____

f) co____nha _____

g) ____nzeira _____

h) arr____ _____

i) a____lejo _____

j) cusc____ _____

CAPÍTULO 16

GRAMÁTICA

Adjetivos

Leia o texto e observe as palavras destacadas.

O bolo,
feito com o leite da vaca **cega** de um olho
e os ovos da galinha de pena **rajada**
pela senhora de avental **manchado**,
mãe da moça de cabelos **vermelhos esvoaçantes**,
noiva do moço de barba **malfeita**,
que ordenhou a vaca cega de um olho,
que mugiu para o cão de orelhas **grandes**,
que assustou o gato de unhas **compridas**,
que espantou o rato de pelo **cinzento**,
que entrou na casa de sete portas
onde mora o frade de boina **preta** e bengala **torta**...
bem, o bolo ficou tão **gostoso**, que ninguém
mais se lembrou de assustar ninguém.
Todos só queriam aproveitar o melhor da festa.

Nye Ribeiro. *O melhor da festa*. São Paulo: Editora do Brasil, 2015. p. 27.

As palavras destacadas no texto expressam características de substantivos. Releia o texto e circule os substantivos que essas palavras caracterizam.

> As palavras que indicam características dos substantivos se chamam **adjetivos**.

O **adjetivo** deve concordar em gênero (masculino e feminino) e número (singular e plural) com o substantivo.

Exemplos:

A barba **malfeita**.   As orelhas **grandes**.
As unhas **compridas**.   O bolo **gostoso**.

ATIVIDADES

1. Complete o texto com os adjetivos que estão no quadro abaixo.

| largas | importante | grossa | achatadas | gigante | digitais |

ELEFANTE – PRINCIPAIS HÁBITOS, CARACTERÍSTICAS E ESPÉCIES VIVAS

O elefante é o maior mamífero terrestre [...] e pode ser encontrado em mais de 40 países da África e do sul da Ásia.

São herbívoros típicos da Ásia e da África, conhecidos principalmente por seu tamanho _____.

[...] o corpo dos elefantes é coberto por uma pele _____, [...] possuem orelhas _____ e _____, [...] marcas únicas que funcionam como impressões _____.

[...] são marcados pela presença de uma [...] tromba. Ela é extremamente _____ para diversas funções, assim como beber água e pegar e arrancar ervas que servem como alimentos.

[...]

P. H. Mota. Elefantes – Principais hábitos [...]. *Segredos do Mundo*, [s. l.], c2021. Disponível em: https://segredosdomundo.r7.com/elefante/. Acesso em: 27 jan. 2022.

2. Complete os adjetivos a seguir com os substantivos aos quais eles se referem no texto.

a) _____ gigante

b) _____ grossa

c) _____ largas

d) _____ únicas

e) _____ digitais

f) _____ terrestre

3. Forme adjetivos derivados conforme o exemplo.

> Quem tem inveja é invejoso.

a) Quem tem bondade é _____.

b) Quem tem teimosia é _____.

c) Quem tem alegria é _____.

d) Quem tem inteligência é _____.

e) Quem tem simpatia é _____.

4. Reescreva as frases substituindo as expressões destacadas por um adjetivo.

a) Papai está **cheio de vaidade**.

_____

b) Gilberto é um menino **que estuda**.

_____

c) Isabela está **com tristeza**.

_____

d) César é um garoto **com educação**.

_____

e) Meu jardim está **com flores**.

_____

f) Joana é uma garota **de coragem**.

_____

g) Carlos está **cheio de preguiça**.

_____

h) Bruna é uma menina **cheia de ânimo**.

_____

ORTOGRAFIA

Palavras com gua ou qua

1. Complete as palavras com **gua** ou **qua** e, depois, copie-as.

a) _____ti _____

b) _____torze _____

c) á_____ _____

d) i_____ldade _____

e) _____driciclo _____

f) _____dril _____

g) i_____na _____

h) es_____drão _____

i) a_____rela _____

j) tré_____ _____

2. Observe as imagens e preencha o diagrama com o nome do que cada uma delas representa.

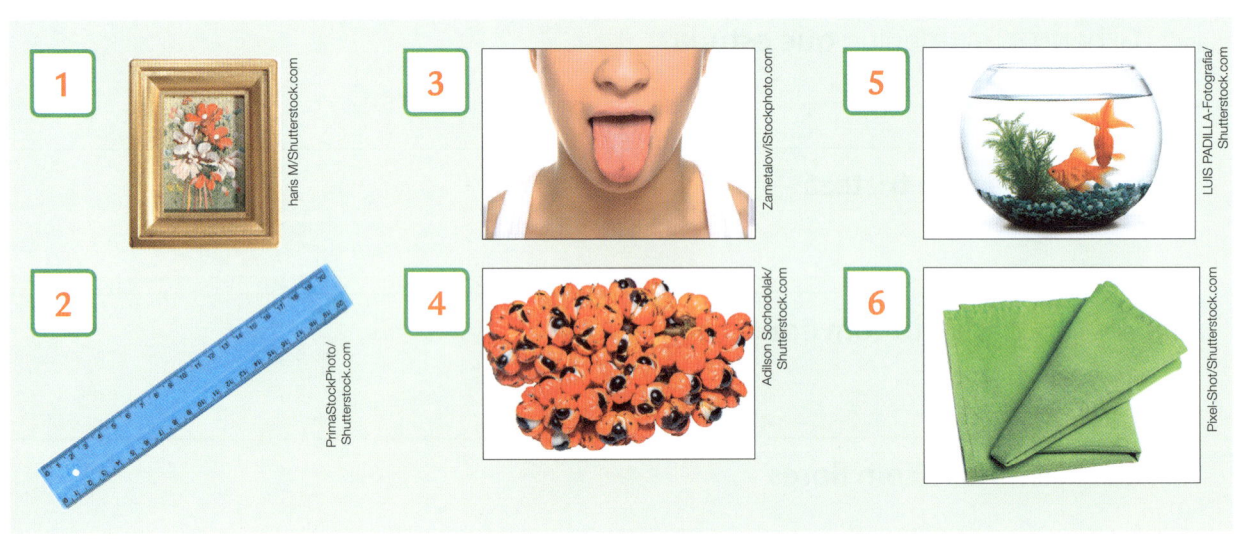

CAPÍTULO 17

GRAMÁTICA

Grau do adjetivo

Leia o início do conto "O gato de botas".

> **O gato de botas**
>
> Era uma vez um velho moleiro que tinha três filhos. Ao morrer, deixou, como herança, o moinho para o primogênito, um burrinho para o filho do meio e um gato para o caçula, que se pôs a chorar:
>
> – O que será de mim? Por que papai me deixou desamparado? Vou morrer de fome!
>
> O felino, que ouvia tudo em silêncio, resolveu falar:
>
> – Não se preocupe! Peço apenas que compre para mim um par de botas e uma bolsa de couro. Então, provarei que sou **mais útil que o moinho e o burro**.
>
> Surpreso com a firmeza dessas palavras, o caçula contou as últimas moedas e saiu para adquirir as encomendas.
>
> Logo que recebeu seus presentes, o gato dirigiu-se ao bosque, onde capturou duas codornas. Em seguida, entregou-as ao rei e disse que foram mimos do Marquês de Carabás – na verdade, um título inventado, para aproximar o rapaz do soberano. A estratégia continuou durante meses, deixando Sua Majestade cada dia mais curioso para conhecer o tal nobre.
>
> [...]

Brasil. Ministério da Educação. *O gato de botas*. Brasília, DF: MEC, 2020. p. 3-5. (Coleção Conta pra Mim). Disponível em: http://alfabetizacao.mec.gov.br/images/conta-pra-mim/livros/versao_digital/gato_de_botas_versao _digital.pdf. Acesso em: 27 jan. 2022.

Releia o trecho destacado do texto. Repare que o adjetivo está sendo empregado em uma comparação. Veja outro exemplo com outra frase do conto:

> "[...] deixando Sua Majestade cada dia mais curioso para conhecer o tal nobre."
>
> ↓
>
> A cada dia, Sua Majestade ficava **mais** curioso **que** no dia anterior.

Nesses dois exemplos, os adjetivos **útil** e **curioso** estão no **grau comparativo**.

O grau comparativo dos adjetivos serve para comparar características entre pessoas, animais ou objetos.

O grau comparativo pode ser:

- de **superioridade**: quando dizemos **mais que** ou **mais do que**;
- de **inferioridade**: quando dizemos **menos que** ou **menos do que**;
- de **igualdade**: quando dizemos **tão quanto** ou **tanto quanto**.

Os adjetivos **bom**, **ruim**, **grande** e **pequeno** possuem palavras específicas correspondentes aos seus comparativos de superioridade. São elas

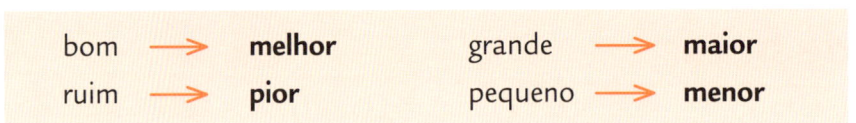

bom → **melhor**	grande → **maior**
ruim → **pior**	pequeno → **menor**

ATIVIDADES

1. Escreva o grau em que estão os adjetivos das frases.

a) Joana é mais rápida que Ângela.

_____

b) José é tão forte quanto Rafael.

_____

c) Antônio é menos atento que Lara.

_____

2. Complete as frases com adjetivos no grau comparativo de inferioridade ou de superioridade.

a) O verão _____ quente _____ o inverno.

b) O refrigerante é _____ saudável _____ o suco.

c) O gato é _____ independente _____ o cachorro.

d) Os braços são _____ compridos _____ as pernas.

3. Circule na tira um adjetivo no grau comparativo de superioridade.

Muitas tirinhas da Turma da Mônica [...]. *Espaço Educar*, [s. l.], c2021. Disponível em: www.espaco educar.net/2012/07/muitas-tirinhas-da-turma-da-monica-para.html. Acesso em: 27 jan. 2022.

4. Observe o segundo quadrinho da tira e assinale a alternativa correta.

☐ O olhar parado da Mônica é um recurso gráfico que destaca o silêncio do espelho.

☐ O balão de fala é um recurso utilizado nesse quadrinho.

☐ As falas de Mônica são destacadas pelos detalhes da imagem.

5. Observe no quadrinho o detalhe gráfico ao lado dos pés da Mônica. Depois, ligue-o à alternativa que melhor representa esse detalhe.

- O detalhe representa a Mônica dançando.
- O detalhe representa um movimento de girar e sair andando.
- O detalhe representa a poeira que estava no chão.

6. Leia as afirmações com atenção e escreva **V** para verdadeiro e **F** para falso.

☐ O humor da tirinha está no fato de a Mônica achar que o espelho concordou com ela porque não respondeu.

☐ A tirinha apresenta uma história triste, na qual a personagem Mônica tenta conversar com o espelho, mas não tem sucesso.

☐ A tirinha faz uma brincadeira com o conto de fadas "Branca de Neve e os sete anões".

☐ O humor da tirinha se dá pela apresentação de personagens famosos do conto de fadas "Branca de Neve e os sete anões".

ORTOGRAFIA

Palavras com r ou rr

1. Leia o texto e, depois, faça o que se pede.

> **Range** a porteira ao raiar do dia,
> **bezerro** muge no curral,
> tem festa de milho no **galinheiro** e
> tilintar de enxadas no **arrozal**.

Regina Rennó. *Cheiro de mato*. São Paulo: Editora do Brasil, 2010. p. 4.

a) Circule as letras **r** e **rr** nas palavras destacadas no texto.

b) Na composição das palavras destacadas, a letra **r** se encontra em qual posição? E as letras **rr**?

_____

_____

> No início da palavra e depois de outras consoantes, usamos somente **r**. Usamos **r** ou **rr** entre duas vogais.

2. Circule as palavras que rimam no poema.

| porteira | curral | milho | arrozal |

3. Assinale a alternativa que melhor indica o significado do trecho "Range a porteira".

☐ Quando as porteiras do pasto são abertas, um som é produzido.

☐ A porteira está quebrada e precisa ser arrumada.

4. Assinale a alternativa que melhor explica a expressão "tilintar de enxadas".

☐ É o barulho que fazem os bezerros quando estão soltos no pasto.

☐ É o som de pessoas trabalhando com enxadas no arrozal.

5. Complete as palavras com **r** ou **rr** e, depois, copie-as.

a) ____ato _____

b) ba____iga _____

c) ____evista _____

d) ____oupa _____

e) ciga____a _____

f) ____abanete _____

g) ca____oço _____

h) a____umar _____

i) en____olar _____

j) hon____a _____

k) co____ente _____

l) co____ida _____

6. Separe as sílabas atentando-se à regra abaixo.

> Ao separar sílabas de palavras escritas com **rr**, devemos sempre deixar um **r** em cada sílaba. Assim: burro – bur-ro.

a) torresmo _____

b) cachorro _____

c) sorriso _____

d) torrada _____

e) carruagem _____

CAPÍTULO 18

GRAMÁTICA

Numeral

Leia um trecho de O Pequeno Príncipe, no qual ele chega ao planeta habitado pelo empresário.

> [...]
> O quarto planeta era o do empresário. Estava tão ocupado, que não levantou sequer a cabeça à chegada do pequeno príncipe.
> – Bom dia – disse-lhe este. [...]
> O empresário levantou a cabeça:
> – Há **cinquenta e quatro** anos habito este planeta e só fui incomodado **três** vezes. A **primeira** vez foi há **vinte e dois** anos, por um besouro que veio não sei de onde. Fazia um barulho terrível, e cometi quatro erros na soma. A **segunda** foi há **onze** anos, quando tive uma crise de reumatismo. Por falta de exercício. Não tenho tempo para passear. Sou um sujeito sério. A **terceira**... é esta! Eu dizia, portanto, **quinhentos e um milhões**...
> [...]

Antoine de Saint-Exupéry. O Pequeno Príncipe. Rio de Janeiro: Ediouro, 2001. p. 45-47.

Os termos destacados no texto são **numerais**.

Cinquenta e quatro, **três**, **vinte e dois**, **onze** e **quinhentos e um milhões** são numerais que indicam **quantidade**.

Primeira, **segunda** e **terceira** são numerais que indicam **ordem**.

> **Numeral** é a palavra que indica quantidade, ordem, multiplicação ou fração.

Os numerais podem ser **cardinais**, **ordinais**, **multiplicativos** ou **fracionários**:
- **Cardinais** são os que indicam quantidade. Exemplos: dois, sete, vinte, cem.
- **Ordinais** são os que indicam ordem. Exemplos: primeiro, décimo, centésimo.
- **Multiplicativos** são os que indicam multiplicidade. Exemplos: dobro, triplo.
- **Fracionários** são os que indicam fração. Exemplos: meio, um terço.

Conheça alguns numerais observando o quadro abaixo:

Cardinais	Ordinais	Multiplicativos	Fracionários
um	primeiro	-	-
dois	segundo	duplo ou dobro	meio ou metade
três	terceiro	triplo	terço
quatro	quarto	quádruplo	um quarto
cinco	quinto	quíntuplo	um quinto
seis	sexto	sêxtuplo	um sexto
sete	sétimo	sétuplo	um sétimo
oito	oitavo	óctuplo	um oitavo
nove	nono	nônuplo	um nono
dez	décimo	décuplo	um décimo
onze	décimo primeiro		
doze	décimo segundo		
treze	décimo terceiro		
quatorze	décimo quarto		
quinze	décimo quinto		
dezesseis	décimo sexto		
dezessete	décimo sétimo		
dezoito	décimo oitavo		
dezenove	décimo nono		
vinte	vigésimo		

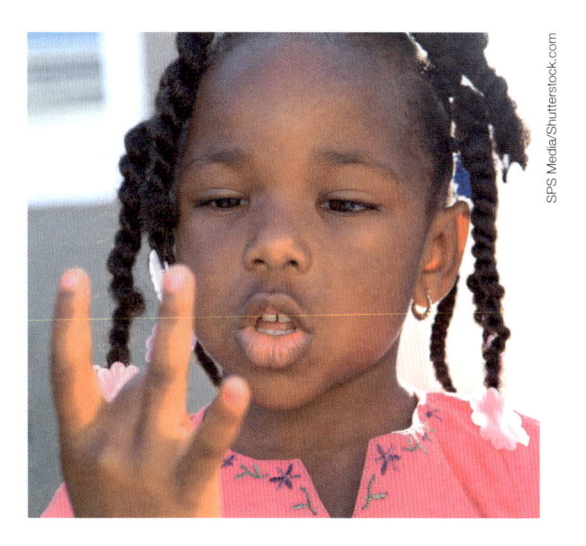

ATIVIDADES

1. Dê os numerais ordinais correspondentes.

a) três _____

b) quatro _____

c) nove _____

d) dez _____

e) um _____

f) seis _____

g) oito _____

h) trinta _____

i) vinte _____

j) onze _____

2. Numere as frases de acordo com o tipo de numeral apresentado no quadro.

| 1 | ordinal | 3 | multiplicativo |
| 2 | cardinal | 4 | fracionário |

☐ Eduardo tem o triplo das minhas cartas no jogo.

☐ Fui o segundo a chegar.

☐ Leonardo tem nove anos, Isabela tem quinze.

☐ Comemos somente a metade da *pizza*.

3. Escreva os numerais ordinais que correspondem às imagens.

a) 13 _____

b) 17 _____

c) 15 _____

d) 18 _____

e) 20 _____

f) 19 _____

4. Leia um trecho da notícia.

ATLÉTICO ACREANO É O 30º COLOCADO NO *RANKING* FEMININO DA CBF

A Confederação Brasileira de Futebol (CBF) divulgou nesta quarta-feira, 5, a oitava edição do *ranking* dos 192 melhores clubes do país. O time feminino do Atlético Acreano, tricampeão estadual, aparece em 30º colocado com 2.452 pontos.

A pontuação do Galo foi melhor do que a de alguns clubes tradicionais do futebol brasileiro como São Paulo, Cruzeiro, Palmeiras e Fluminense. No ano passado a equipe acreana ficou na 37ª posição.

O novo ranqueamento coloca o Atlético Acreano como o terceiro melhor colocado da região Norte.

[...]

Atlético Acreano é o terceiro melhor da região Norte.

Ecimairo Carvalho. Atlético Acreano [...]. *Notícias do Acre*, Rio Branco, 5 fev. 2020. Disponível em: https://agencia.ac.gov.br/atletico-acreano-e-o-30o-colocado-no-ranking-feminino-da-cbf. Acesso em: 27 jan. 2022.

- Agora, localize no texto os numerais solicitados e escreva-os por extenso.

a) Dois numerais ordinais: _____

_____

b) Dois numerais cardinais _____

_____

5. Assinale a alternativa correta a respeito do título da notícia.

☐ Informa o assunto que será abordado no texto.

☐ Não revela o assunto para despertar a curiosidade do leitor.

ORTOGRAFIA

Palavras com ga, gue, gui, go ou gu

1. Observe os seres e objetos representados pelas imagens e escreva o nome deles. Depois, ligue os pares que contenham **ga**, **gue**, **gui** e **go** no nome.

_____   _____

_____   _____

_____   _____

_____   _____

2. Organize as sílabas, descubra as palavras e escreva-as. Depois, circule aquelas cuja letra **u** é pronunciada.

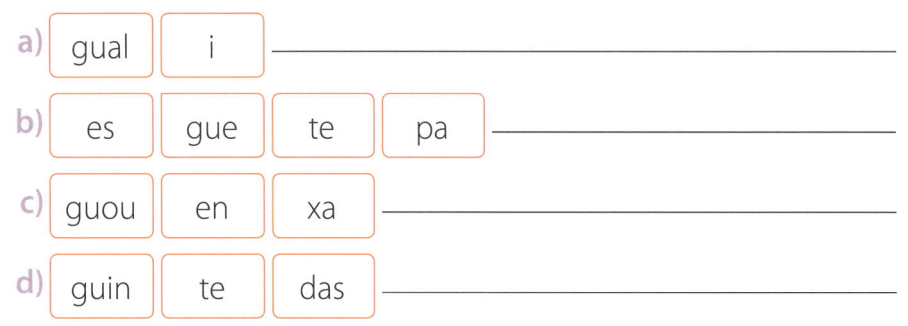

a) | gual | i | _____

b) | es | gue | te | pa | _____

c) | guou | en | xa | _____

d) | guin | te | das | _____

CAPÍTULO 19

GRAMÁTICA

Sinônimos

Leia um trecho do conto "A Bela Adormecida" e observe as palavras destacadas.

> [...]
> O príncipe perambulou por longo tempo no castelo. Enfim, achou o portãozinho de ferro que levava à torre, subiu a escada e chegou ao quartinho em que dormia Flor Graciosa. A princesa estava tão bela, com os cabelos soltos espalhados nos travesseiros, o rosto rosado e risonho, que o príncipe ficou deslumbrado. Logo que se recobrou, inclinou-se e deu-lhe um beijo.
> Imediatamente, Flor Graciosa abriu os olhos e olhou à sua volta, sorrindo:
> – Como eu dormi! Agradeço por você ter chegado, meu príncipe!
> Na mesma hora em que Flor Graciosa **despertava**, o castelo todo também **acordou**. [...]
> [...]

São Paulo (Estado). Secretaria da Educação. *Ler e escrever*: livro de textos do aluno. São Paulo: FDE, 2010. p. 60. Disponível em: www.santos.sp.gov.br/static/files_www/conteudo/SEDUC/EducaSatos/livro-ler-escrever.pdf. Acesso em: 27 jan. 2022.

As palavras **despertar** e **acordar** têm o **mesmo significado**, ou seja, querem dizer a mesma coisa. Portanto, são **sinônimos**.

> **Sinônimos** são palavras que têm o mesmo significado ou têm significados parecidos.

Conheça algumas palavras e seus sinônimos no quadro abaixo:

alegre	→	contente	**estudioso**	→	aplicado
andar	→	caminhar	**lento**	→	vagaroso
barulho	→	ruído	**unir**	→	juntar
calmo	→	manso	**valente**	→	corajoso

ATIVIDADES

1. Leia as palavras abaixo e circule nos quadros a que corresponder ao seu sinônimo.

a) querer — incluir   encontrar   desejar

b) desaparecer — decidir   sumir   distanciar

c) pacote — embrulho   presente   mala

d) perfumado — arrumado   cheiroso   tranquilo

2. Leia as frases e busque no quadro abaixo os sinônimos das características destacadas dos animais. Depois, escreva o sinônimo embaixo de cada frase.

laboriosa   rápido   ligeira   vagaroso   amigo

a) A chita é **ágil**.

_____

b) O cavalo é **veloz**.

_____

c) O jabuti é **lento**.

_____

d) O cachorro é **companheiro**.

_____

e) A abelha é **trabalhadeira**.

_____

3. Leia o trecho da notícia.

DINOSSAURO COM ARMADURA DE ESPINHOS É DESCOBERTO NA CHINA

Espécie provavelmente viveu de 192 milhões a 174 milhões de anos atrás, diz estudo

Uma nova espécie de dinossauro do início do período Jurássico foi descoberta no Sudoeste da China [...]. Os cientistas originalmente encontraram restos mortais de um dinossauro com armadura, que chamaram de *Yuxisaurus kopchicki*, em 2017 na região de Yuxi [...].

[...]

A criatura antiga pertence ao grupo *thyreophoran*, o mesmo que seu "primo" distante, o *Stegosaurus*, disse o autor do estudo Paul Barrett, pesquisador do Museu de História Natural de Londres. [...]

Uma série de placas ósseas envolveram o animal, cobrindo seu pescoço, costas e membros, com grandes pontas espalhadas no topo da armadura, disse Barrett.

Os espinhos serviram a vários propósitos: desviar as mandíbulas e dentes da maioria dos predadores, além de possivelmente ser uma ferramenta para se exibir para outros membros de sua própria espécie durante disputas territoriais ou por parceiros, explicou ele.

Stegosaurus, pertencente ao grupo *thyreophoran*, mesmo do *Yuxisaurus*.

Megan Marples. Dinossauro com armadura [...]. *CNN Brasil*, [s. l.], 17 mar. 2022. Disponível em: https://www.cnnbrasil.com.br/tecnologia/dinossauro-com-armadura-de-espinhos-e-descoberto-na-china/. Acesso em: 20 abr. 2022.

- Agora, assinale os sinônimos do termo **dinossauro** usados na notícia.

☐ criatura antiga   ☐ animal

☐ grupo   ☐ espinhos

4. Assinale a alternativa correta sobre o emprego de sinônimos no texto.

☐ Os sinônimos contribuem para tornar o texto mais repetitivo para o leitor.

☐ Os sinônimos contribuem para tornar o texto menos repetitivo para o leitor.

☐ Os sinônimos ajudam o leitor a ler o texto mais rapidamente.

ORTOGRAFIA

Palavras com que ou qui

1. Escreva o nome dos seres e objetos representados pelas imagens e, depois, separe as sílabas.

Dica: todas as palavras têm as letras **q** e **u**.

a) _____ _____

b) _____ _____

c) _____ _____

d) _____ _____

2. Organize as sílabas, forme as palavras e ligue-as às respectivas imagens.

a) qui | bo | a   _____

b) que | tan   _____

c) lo | qui | es   _____

d) le | to | que | es   _____

e) es | mó | qui   _____

CAPÍTULO 20

GRAMÁTICA

Antônimos

Leia a tirinha e observe a conversa entre a mãe e o menino, Armandinho.

Alexandre Beck. *Armandinho*. [S. l.]: Tiras Armandinho, c2021. Disponível em: https://tirasarmandinho.tumblr.com/post/122848134544/tirinha-original. Acesso em: 7 mar. 2022.

Pela pergunta da mãe, vemos que Armandinho deveria ter deixado a mosca **sair**. Em vez disso, ele deixou a mosca **entrar**.

Sair é o **contrário** de **entrar**.

As palavras **entrar** e **sair** são **antônimas**.

> **Antônimos** são palavras que têm significados contrários.

Veja, no quadro abaixo, algumas palavras e seus antônimos:

alto	→	baixo	**justo**	→	injusto
chorar	→	rir	**longe**	→	perto
corajoso	→	medroso	**mentira**	→	verdade
derrota	→	vitória	**noite**	→	dia
difícil	→	fácil	**obedecer**	→	desobedecer
escuro	→	claro	**pequeno**	→	grande
feliz	→	infeliz	**pobre**	→	rico
forte	→	fraco	**subir**	→	descer
frio	→	quente	**sumir**	→	aparecer

ATIVIDADES

1. Encontre e pinte os pares de antônimos, conforme o exemplo.

Lembrete: use uma cor diferente para cada dupla de antônimos.

caro	novo	último	feio
noite	começo	velho	barato
bonito	fim	primeiro	perto
dia	longe	claro	escuro

2. Encontre e circule no diagrama os antônimos das palavras do quadro.

> certo   feio   fim   vazio
> grosso   pobre   alegre   imperfeito

A	C	P	S	A	O	R	O	V	D	T	V	C
E	O	E	Z	B	R	I	D	R	L	R	D	B
R	Q	R	P	D	L	C	E	X	V	I	G	O
Z	S	F	H	F	S	O	I	A	O	S	A	N
A	U	E	O	K	G	K	E	T	V	T	J	I
E	W	I	C	F	I	N	O	W	S	E	A	T
O	L	T	R	T	S	D	G	E	K	I	G	O
K	C	O	M	E	Ç	O	Q	X	Z	A	Q	M
S	D	G	H	O	Y	I	W	C	H	E	I	O
Y	E	R	R	A	D	O	A	L	F	Z	R	N
Z	C	T	U	F	Q	S	D	V	B	G	D	P

3. Leia o trecho de um livro de Monteiro Lobato, com a turma do *Sítio do Picapau Amarelo*.

Era em abril, o mês do dia de anos de Pedrinho e por todos considerado o melhor mês do ano. Por quê? Porque não é frio nem quente e não é mês das águas nem de seca – tudo na conta certa! E por causa disso inventaram lá no Sítio do Picapau Amarelo uma grande novidade: as férias-de-lagarto.

– Que história é essa?

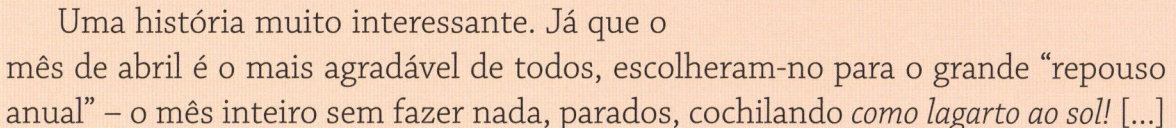

Uma história muito interessante. Já que o mês de abril é o mais agradável de todos, escolheram-no para o grande "repouso anual" – o mês inteiro sem fazer nada, parados, cochilando *como lagarto ao sol!* [...]

Mas a necessidade de agitação é muito forte nas crianças, de modo que aqueles "abris-de-lagarto" tinham duração muito curta. Para Emília, a mais **irrequieta** de todos, duravam no máximo dois dias. Era ela sempre o primeiro lagarto a acordar e correr para o terreiro a fim de "desenferrujar as pernas". Depois vinha fazer cócegas com uma flor de capim nas ventas de Narizinho e Pedrinho – e esses dois lagartos também se espreguiçavam e iam desenferrujar as pernas.

[...]

Monteiro Lobato. *Viagem ao céu e O Saci*. [S. l.]: Arlindo_San, [2019?]. *E-book*.

- Agora, encontre no texto e circule um par de antônimos.

4. Releia o parágrafo em que aparece destacada a palavra **irrequieta**. Depois, assinale as alternativas com antônimos dessa palavra.

☐ sossegada ☐ quieta ☐ nervosa

☐ agitada ☐ calma ☐ animada

5. Complete as frases com os antônimos das palavras destacadas.

a) O que não é **enferrujado** é _____.

b) Quem não está **animado** está _____.

c) O que não é **adequado** é _____.

d) O que não está **alinhado** está _____.

e) Quem não é **infeliz** é _____.

f) O que não é **caro** é _____.

ORTOGRAFIA

Traz, trás ou atrás

As palavras **traz**, **trás** e **atrás** são pronunciadas de forma parecida, mas a grafia e o significado delas são diferentes.

- **Traz** indica a ação de conduzir, transportar algo em direção ao lugar da pessoa com quem se fala.
- **Trás** indica uma posição anterior e é empregada com outra palavra, nas formas "por trás", "de trás" e "para trás".
- **Atrás** indica uma posição ou um tempo anterior e não é acompanhada das palavras "por", "de" e "para".

1. Leia as instruções para a brincadeira e complete os espaços com **traz**, **trás** ou **atrás**.

Cabra-cega

Como brincar: as crianças ficam em roda, de mãos dadas, e escolhem uma delas para ser a cabra-cega.

Um dos participantes _____ uma venda para cobrir os olhos da cabra-cega. De olhos cobertos, a cabra-cega vai para o meio da roda. Ela precisa pegar alguém, mesmo sem enxergar.

As crianças que estiverem do lado da roda para onde a cabra-cega estiver indo fogem, recuando para _____, e as que estão do outro lado avançam, pois elas não podem soltar as mãos.

Se a cabra-cega for esperta, vai tentar pegar quem está _____ dela.

Regras escritas especialmente para esta obra.

2. Assinale a alternativa correta sobre o texto.

☐ Trata-se de uma notícia com informações sobre uma cabra que não enxergava.

☐ O texto apresenta as regras da brincadeira cabra-cega.

☐ O texto é uma narrativa sobre a origem da criação de cabras.

CAPÍTULO 21

📖 GRAMÁTICA

Ponto final, ponto de interrogação e ponto de exclamação

Leia o texto e observe os destaques.

— Alô, Bruna [?] – perguntou do outro lado uma voz soprada ao telefone, quase que incompreensível [.]
— Sim, é a Bruna quem está falando. Que voz estranha… Quem é [?] – respondeu a menina, toda encabulada [.]
— É a Júlia, sua amiga de escola [!]
— Que susto, Júlia [!] O que aconteceu com a sua voz? Você está com algum problema? Precisa de ajuda?
— Nããão… lembra que te falei que ia ao dentista pôr aparelho [?] Acabei de voltar de lá. Agora estou toda *fashion*, com aqueles elásticos coloridos – disse Júlia com ar de satisfação [.]
[…]

Leonardo Mendes Cardoso. *Criança sorridente, feliz e contente*. São Paulo: Editora do Brasil, 2015. p. 4.

Observando a conversa entre as meninas, você notou a função de cada sinal destacado? Esses sinais são chamados de **sinais de pontuação**. Eles nos ajudam a compreender melhor o texto.

Ponto final

> O **ponto final** é empregado para indicar que a frase terminou.

Leia a frase: "Sim, é a Bruna quem está falando."
Essa frase termina com **ponto final** (.).

Ponto de interrogação

> O **ponto de interrogação** é empregado quando fazemos perguntas.

Leia a frase: "Alô, Bruna**?**"

Essa frase termina com **ponto de interrogação** (**?**).

Ponto de exclamação

> O **ponto de exclamação** é empregado quando queremos demonstrar alguma emoção ou algum sentimento, como medo, espanto, surpresa, alegria, dor, tristeza etc.

Leia a frase: "Que susto, Júlia**!**"

Essa frase termina com **ponto de exclamação** (**!**).

ATIVIDADES

1. Veja a cena abaixo e escreva um pequeno diálogo. Para isso, observe a pontuação a ser utilizada em cada fala.

Menino: – _____?

Menina: – _____!

Menino: – _____.

Menina: – _____

2. Leia a parlenda em voz alta. Depois, pontue-a corretamente empregando ponto final, ponto de interrogação e ponto de exclamação no final das frases.

> Corre cutia, na casa da tia _____
>
> Corre cipó, na casa da vó _____
>
> Lencinho na mão caiu no chão _____
>
> Moça bonita do meu coração _____
>
> Pode jogar _____
>
> Pode _____
>
> Ninguém vai olhar _____
>
> Não _____.

Parlenda.

- Agora, releia a parlenda pontuada em voz alta e preste atenção nas diferenças entre as duas leituras!

ORTOGRAFIA

Palavras com x ou ch

1. Circule de vermelho os objetos com a letra **x** em seu nome e de azul os objetos com **ch**. Depois, escreva esses nomes na linha abaixo de cada um deles.

a) _____   c) _____   e) _____

b) _____   d) _____   f) _____

2. Complete as palavras com **x** ou **ch** e, depois, copie-as.

a) ____arope _____

b) co____i____o _____

c) ____aleira _____

d) cai____ote _____

e) en____oval _____

f) me____er _____

g) ____uva _____

h) fe____adura _____

CAPÍTULO 22

GRAMÁTICA

Vírgula

Leia o texto, observando os sinais destacados.

> Em cada andar **,** ele para e abre a boca.
> Criaturas entram.
> Depois fecha a boca e sobe
> (ou desce **,** conforme o caso).
> Observar as criaturas é sempre engraçado.
> Aparecem de todos os tipos: os tímidos **,**
> os expansivos **,** as alegrinhas **,** os apressados **,**
> os namorados **,** os mensageiros **,** as senhoras
> chiques **,** os modernetes **,** os descabelados **,**
> os esportivos **,** as beldades **,** os amistosos **,**
> os perdidos.
> [...]
>
> Arthur Nestrovski. *Coisas que eu queria ser*.
> São Paulo: Cosac & Naify, 2003. p. 18.

Os sinais que aparecem em destaque são **vírgulas**.

> A **vírgula** (,) indica uma pequena pausa na leitura.

Veja esta frase do texto:

> Aparecem de todos os tipos: os tímidos**,** os expansivos**,** as alegrinhas**,** os apressados [...].

Nesse caso, a vírgula está separando os diferentes tipos de pessoas que entram no elevador.

Na escrita, usamos a vírgula em datas, em endereços, em sequências e em enumerações.

Exemplos:
- Sábado**,** 28 de março.
- Rua da Felicidade**,** 200.
- Comprei lápis**,** canetas**,** borracha**,** cadernos e livros.

Dois-pontos e travessão

Leia o texto e observe os sinais destacados.

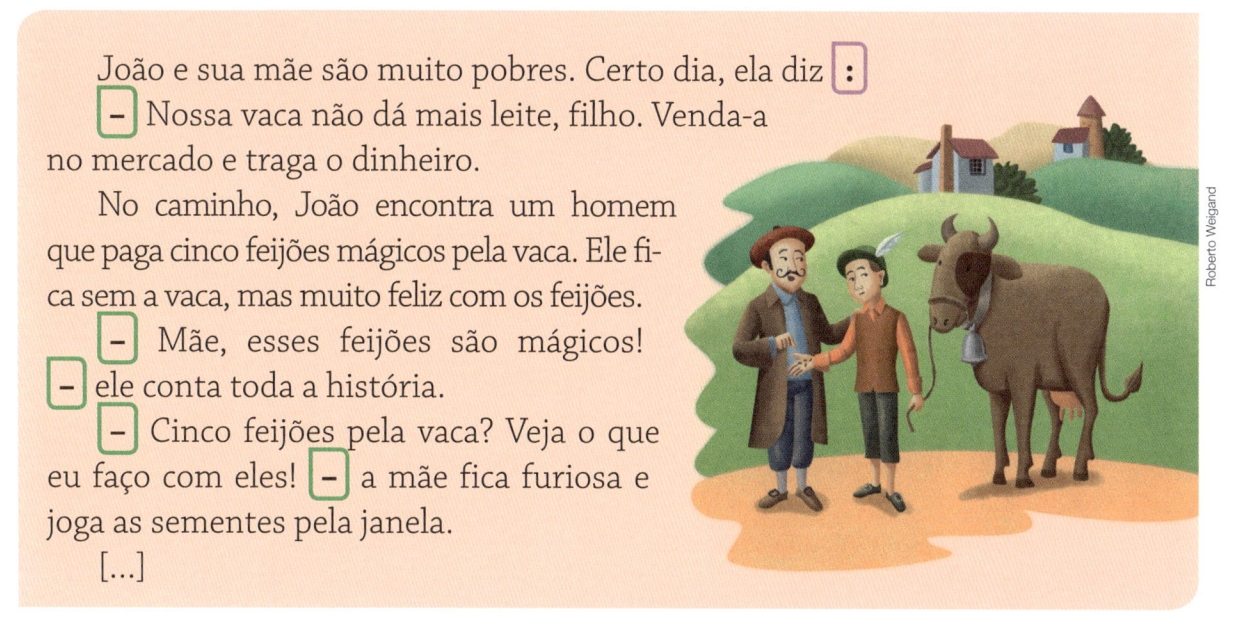

> João e sua mãe são muito pobres. Certo dia, ela diz **:**
> **—** Nossa vaca não dá mais leite, filho. Venda-a no mercado e traga o dinheiro.
> No caminho, João encontra um homem que paga cinco feijões mágicos pela vaca. Ele fica sem a vaca, mas muito feliz com os feijões.
> **—** Mãe, esses feijões são mágicos! **—** ele conta toda a história.
> **—** Cinco feijões pela vaca? Veja o que eu faço com eles! **—** a mãe fica furiosa e joga as sementes pela janela.
> [...]

Telma Guimarães. *João e o pé de feijão*. São Paulo: Editora do Brasil, 2011. p. 4-6.

Dois-pontos e **travessão** são sinais de pontuação que nos ajudam a compreender melhor os textos.

> Os **dois-pontos** (:) indicam as seguintes situações.
> - Uma enumeração. Exemplo:
> A mãe de João comprou**:** arroz, feijão e leite.
> - A fala da personagem no diálogo. Observe:
> "Certo dia, ela diz**:**
> — Nossa vaca não dá mais leite, filho."

> O **travessão** (—) é usado antes da fala de cada personagem.
> Observe o trecho do diálogo:
> "— Mãe, esses feijões são mágicos!
> — Cinco feijões pela vaca? Veja o que eu faço com eles!"

ATIVIDADES

1. Preencha as lacunas da anedota com os sinais de pontuação indicados no quadro abaixo.

> ! : — .

O Zezinho entra em casa e diz para a mulher que estava na cozinha _____

_____ Mamãe, os meninos na escola estão me chamando de distraído _____

_____ Zezinho, você mora na casa da frente _____

Anedota popular.

2. Marque um **X** na frase que melhor explica o humor dessa anedota.

☐ Zezinho brigava com os colegas de escola, que eram muito distraídos.

☐ Zezinho não era distraído, mas a vizinha achava que sim.

☐ Zezinho era tão distraído que entrou na casa errada.

☐ Zezinho chamava sua vizinha de mãe.

3. Pontue com a vírgula onde for necessário.

a) Encomendei para a festa: bolo brigadeiros salgadinhos e refrigerante.

b) São Paulo 25 de novembro de 2022.

c) Fábio morava na rua Henrique Dias Filho 267.

4. Preencha as lacunas com dois-pontos ou travessão.

a) O gato disse ao rato _____

_____ Corra muito!

b) _____ O que você comprou na feira, Júlia?

_____ Comprei vários tipos de frutas _____ um melão, três maçãs, um cacho de uva e quatro laranjas.

c) _____ Estive pensando _____ Renan, Bernardo e Isadora são todos alunos da sua escola?

_____ Sim, todos eles estão na minha turma.

5. Leia a tirinha.

Mauricio de Sousa. Magali. *Estuda.com*, [s. l.], [2015?]. Disponível em: https://enem.estuda.com/questoes/?resolver=&prova=474&q=&inicio=5&q=&cat=&dificuldade=. Acesso em: 14 mar. 2022.

- Reescreva a história elaborando a voz do narrador e a fala das personagens usando a pontuação adequada.

Narrador _____

_____

Magali _____

_____

Sorveteiro _____

_____

Magali _____

_____

6. Pontue com dois-pontos ou vírgula onde for necessário.
   a) Papai acrescentou à lista do hortifrúti maçã batata cebola e alface.
   b) Encontrei alguns colegas Nicolas Olívia Vitória e Gustavo.
   c) Eu uso na escola lápis borracha régua caderno e caneta.
   d) Combinamos de nos encontrar no domingo 15 de agosto.
   e) Comprei três blusas uma amarela uma verde e uma roxa.
   f) Os meses do ano são janeiro fevereiro março abril maio junho julho agosto setembro outubro novembro e dezembro.

ORTOGRAFIA

Palavras com sce ou sci

1. Ligue as sílabas e monte as palavras.

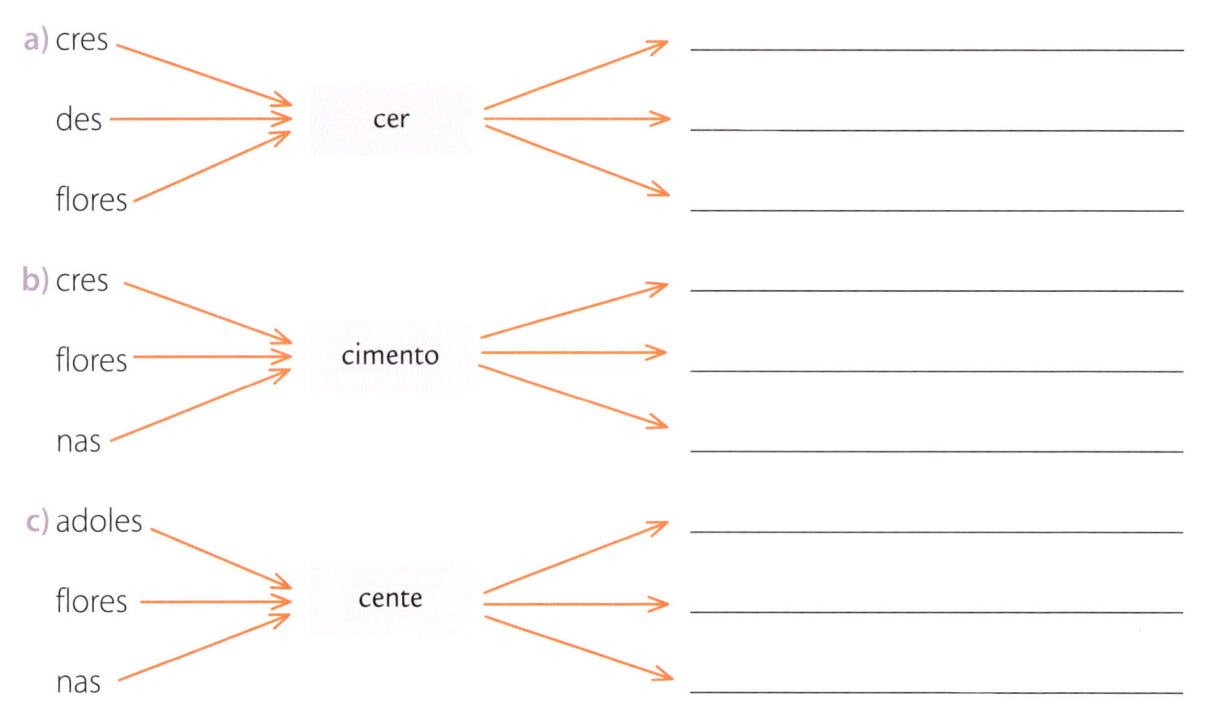

a) cres / des / flores → cer → _____ / _____ / _____

b) cres / flores / nas → cimento → _____ / _____ / _____

c) adoles / flores / nas → cente → _____ / _____ / _____

2. Organize as sílabas e escreva as palavras.

a) lar | os | ci _____

b) da | ci | des _____

c) res | cer | ar | bo _____

d) der | cen | trans _____

e) ci | nas _____

f) cí | pu | dis | lo _____

g) cer | nas | re _____

h) a | ne | mis | ce | lã _____

3. Leia o verbete de dicionário a seguir e responda ao que se pede.

> **fascinação** **sf.** 1. Poder de fascinar: deslumbramento, encantamento, sedução – *A bailarina prende a todos com a sua fascinação*. 2. Atração que se sente sem poder resistir – *Meu irmão tem fascinação por cinema*. Comp. com *fascínio*. **Fas.ci.na.ção**

Geraldo Mattos. *Dicionário Jr. da Língua Portuguesa*. São Paulo: FTD, 2010. p. 342.

a) Sublinhe no verbete os trechos que indicam os significados da palavra **fascinação**.

b) Quando há dúvidas sobre como é a escrita de uma palavra, o que podemos fazer? Marque um **X** na alternativa correta.

☐ Escrever do mesmo jeito que se pronuncia a palavra.

☐ Pesquisar no dicionário.

☐ Inventar.

4. Complete as palavras a seguir com **sc**, escreva-as ao lado e separe-as em sílabas.

a) con____iente _____ _____

b) fa____inante _____ _____

c) de____endente _____ _____

d) acre____entar _____ _____

e) pi____ina _____ _____

5. Escreva uma frase com cada uma das palavras da atividade 4.

a) _____

b) _____

c) _____

d) _____

e) _____

CAPÍTULO 23

GRAMÁTICA

Tipos de frase

Frase é uma palavra ou reunião de palavras que transmite uma informação.

Toda frase começa com letra maiúscula e termina com um sinal de pontuação.

Há vários tipos de frase.

Frase declarativa afirmativa

As frases declarativas afirmativas **afirmam** alguma coisa ou ideia.

Elas terminam com ponto final (**.**).

Exemplo:

Luciano e seu pai chegaram ao supermercado**.**

Frase declarativa negativa

As frases declarativas negativas **negam** alguma coisa, ou seja, expressam uma declaração negativa.

Elas também terminam com ponto final (**.**).

Exemplo:

Carlos **não** comeu a sobremesa**.**

Frase exclamativa

As frases exclamativas expressam **estados emotivos**, como admiração, susto, alegria, dor, raiva, surpresa, entre outros sentimentos. Também podem expressar uma ordem ou pedido.

Elas terminam com ponto de exclamação (**!**).

Exemplos:
- Que bonito o seu cachecol novo**!**
- Ande logo, estou com pressa**!**

Frase interrogativa

As frases interrogativas expressam uma **pergunta**, uma questão sobre alguma coisa. Elas terminam com ponto de interrogação (**?**).

Exemplo:

A banda vai tocar quais músicas**?**

ATIVIDADES

1. Classifique as frases das alternativas de acordo com a legenda a seguir.

A afirmativa **B** negativa **C** interrogativa **D** exclamativa

a) ☐ Camila não foi à escola.

b) ☐ Que medo deste filme!

c) ☐ Onde o gato se escondeu?

d) ☐ A comida está na mesa.

2. Elabore uma frase exclamativa para cada imagem a seguir.

a) _____

b) _____

3. Leia a tirinha da *Turma da Mônica* e faça o que se pede.

Mauricio de Sousa. Igualdade. *Turma da Mônica*, São Paulo, [20--]. Disponível em: https://turmadamonica.uol.com.br/donasdarua/hqs.php. Acesso em: 1 fev. 2022.

a) Copie uma frase exclamativa.

_____

b) Copie uma frase interrogativa.

_____

c) Observe o primeiro quadrinho e assinale a(s) alternativa(s) que reforça(m) a ideia de que a personagem escolhida para ser capitã do time está feliz.

☐ Os braços levantados e em movimento.

☐ Os tênis cor-de-rosa que ela está usando.

☐ O sorriso e a expressão dos olhos.

4. Transforme as frases conforme solicitado em cada caso, observando os modelos.

a) Afirmativa em interrogativa.

Susana foi à escola hoje. ⟶ Susana foi à escola hoje?

O filme terminou com final feliz. _____

b) Afirmativa em negativa.

Você fez um bom trabalho. ⟶ Você não fez um bom trabalho.

Preciso trocar minhas figurinhas. _____

ORTOGRAFIA

Palavras com ar, er, ir, or ou ur

1. Localize e circule no diagrama o nome do ser ou objeto representado em cada imagem. Depois, copie cada nome abaixo de sua respectiva imagem.

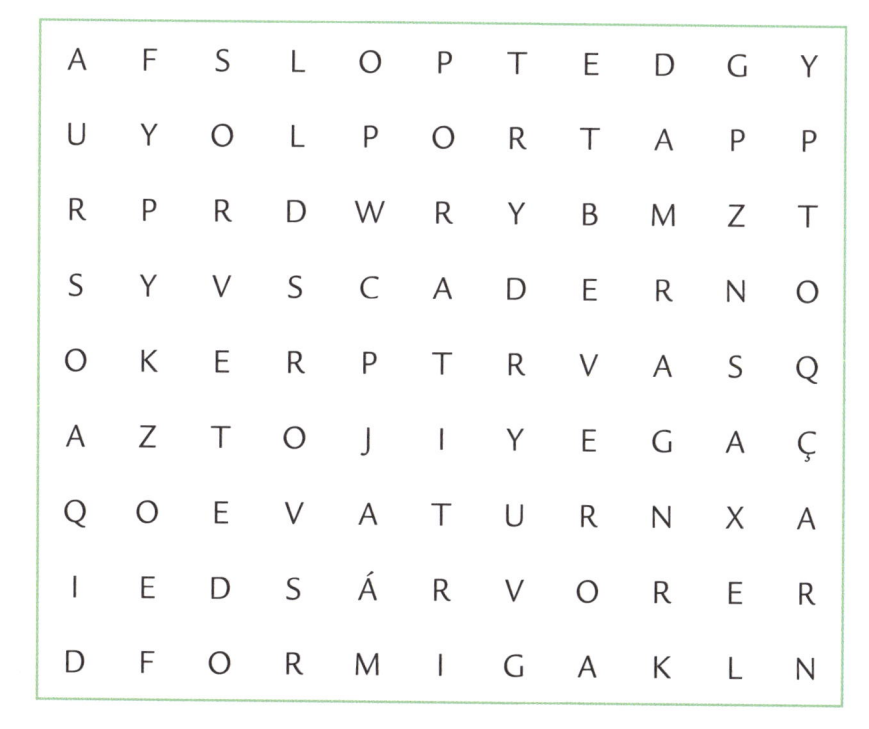

a)

c)

e)

b)

d)

f)

A	F	S	L	O	P	T	E	D	G	Y
U	Y	O	L	P	O	R	T	A	P	P
R	P	R	D	W	R	Y	B	M	Z	T
S	Y	V	S	C	A	D	E	R	N	O
O	K	E	R	P	T	R	V	A	S	Q
A	Z	T	O	J	I	Y	E	G	A	Ç
Q	O	E	V	A	T	U	R	N	X	A
I	E	D	S	Á	R	V	O	R	E	R
D	F	O	R	M	I	G	A	K	L	N

129

2. Leia o texto abaixo.

MAIOR ÁRVORE DO MUNDO, QUAL É? ALTURA E LOCALIZAÇÃO DA RECORDISTA

Se eu te disser que um prédio tem 24 andares, você vai imaginar algo bem grande, não é mesmo? Mas, e se eu te disser que essa altura surpreendente é, na verdade, da maior árvore do mundo? A gigante trata-se de uma sequoia, batizada de General Sherman, que fica na Floresta Gigante da Califórnia, nos Estados Unidos.

[...]

Amanda Sales. Maior árvore do mundo, qual é? [...]. *Segredos do Mundo*, [s. l.], c2021. Disponível em: https://segredosdomundo.r7.com/maior-arvore-do-mundo/. Acesso em: 1 fev. 2022.

- Agora, copie do texto o que se pede.

a) Duas palavras com **ar**: _____

b) Duas palavras com **er**: _____

c) Três palavras com **or**: _____

d) Uma palavra com **ur**: _____

3. Leia novamente o texto da atividade anterior e assinale a alternativa correta.

☐ Nos Estados Unidos, os prédios são da mesma altura das árvores.

☐ O texto apresenta informações sobre uma árvore chamada General Sherman que é menor do que um prédio de 24 andares.

☐ Na Floresta Gigante da Califórnia, existem árvores e prédios de 24 andares.

☐ A maior árvore do mundo fica na Floresta Gigante da Califórnia, nos Estados Unidos, e tem a altura de um prédio de 24 andares.

4. Separe as sílabas das palavras a seguir.

a) surpresa _____

b) virtude _____

c) ervilha _____

d) ralador _____

CAPÍTULO 24

GRAMÁTICA

Pronome

Leia a parlenda que os quatro amigos, Lucas, Pedro, Júlia e Rafaela, usam para brincar. Depois, observe as palavras destacadas.

Nós quatro

Nós quatro
Eu com **ela/ele**
Eu sem **ela/ele**
Nós por cima
Nós por baixo

Parlenda.

A palavra **nós**, na brincadeira, substitui os substantivos **Pedro**, **Rafaela**, **Lucas** e **Júlia**.

A palavra **ela** substitui o substantivo **Rafaela** ou **Júlia**.

A palavra **ele** substitui o substantivo **Pedro** ou **Lucas**.

As palavras **nós**, **ela** e **ele** são **pronomes**.

> **Pronomes** são as palavras que substituem o substantivo (o nome).
> São pronomes: eu, tu, ele, ela, você, nós, vós, eles, elas, vocês.

ATIVIDADES

1. Leia o começo de uma história e observe os termos destacados.

> Acho que aquele foi o melhor ano da minha vida. E o engraçado é que **ele** começou como todos os outros: em janeiro. Aliás, janeiro sempre foi o meu mês favorito. Por causa do sol e, principalmente, por causa das férias.
>
> E, naquele mês de janeiro, **eu** estava em casa colando figurinhas quando ouvi um "fiiiiiiiiu!".
>
> Era o assobio do Dico, o meu melhor amigo. Assim é que **ele** me chamava para jogar futebol. A gente tinha inventado esse sinal porque minha mãe, sei lá por quê, preferia que eu estudasse matemática em vez de jogar bola. Então, quando o Dico assobiava, eu pulava a janela do quarto e ia jogar com ele. [...]

José Roberto Torero. *Uma história de futebol*. Rio de Janeiro: Objetiva, 2006. p. 7.

- Agora, marque um **X** na resposta correta de cada pergunta.

   a) A quem se refere o pronome destacado **ele** no primeiro parágrafo?

   ☐ Ao ano.   ☐ Ao amigo Dico.   ☐ Ao narrador.

   b) A quem se refere o pronome destacado **eu**?

   ☐ Ao amigo Dico.   ☐ À mãe do narrador.   ☐ Ao narrador.

   c) A quem se refere o pronome destacado **ele** no terceiro parágrafo?

   ☐ Ao narrador.   ☐ Ao amigo Dico.   ☐ À mãe do narrador.

2. Leia o trecho abaixo. Repare que os pronomes foram substituídos pelo nome do personagem Dico.

> Era o assobio do **Dico**, o meu melhor amigo. Assim é que **Dico** me chamava para jogar futebol. O **Dico** e eu tínhamos inventado esse sinal porque minha mãe, sei lá por quê, preferia que eu estudasse matemática em vez de jogar bola. Então, quando o **Dico** assobiava, eu pulava a janela do quarto e ia jogar com o **Dico**.

- Agora, responda:

   a) Quantas vezes o nome do personagem Dico aparece destacado? _____

b) Marque um **X** na alternativa correta.

No texto original, o uso dos pronomes no lugar do nome do personagem:

☐ evitou repetições que podem tornar o texto cansativo.

☐ evitou repetições que podem tornar o texto muito difícil.

☐ evitou repetições que podem tornar o texto mais resumido.

3. Complete as frases com um pronome.

a) _____ ando de bicicleta e o Túlio anda de patins.

b) _____ perguntamos e _____ responde.

c) _____ ditam o texto e _____ escreve.

4. Escreva, ao lado das expressões, os pronomes pessoais que podem substituí-las.

a) minha madrasta _____

b) eu e minha avó _____

c) minha mãe e minha irmã _____

d) meu pai e minha irmã _____

e) minha amiga e sua prima _____

f) meu amigo, minha tia e eu _____

5. Troque os nomes próprios por pronomes e reescreva as frases.

a) Leonardo é loiro e usa óculos.

_____

b) João e Tony são carecas.

_____

c) Bianca tem cabelo bem curtinho.

_____

d) Alexandre e Lívia possuem cabelos pretos.

_____

e) André e Paulo têm cabelos brancos.

_____

ORTOGRAFIA

Palavras com x representando o som de s

> Antes de consoante, o **x** representa o som de **s**.

1. Complete as palavras com **x**, leia-as em voz alta e copie-as.

a) e____plicar _____

b) te____to _____

c) e____terno _____

d) e____posição _____

e) e____perimentar _____

f) e____plodir _____

g) e____cursão _____

h) e____plosão _____

i) e____pulsar _____

j) se____ta-feira _____

2. Separe as sílabas e, depois, reescreva as palavras.

a) expandir _____ _____

b) expectativa _____ _____

c) experiência _____ _____

d) expressão _____ _____

e) extra _____ _____

f) extravagante _____ _____

g) extrair _____ _____

h) extensão _____ _____

i) contexto _____ _____

j) têxtil _____ _____

3. Leia o texto abaixo.

Faça um vulcão em erupção

[...] É possível realizar um **experimento** que simula um vulcão **explodindo** com vinagre e bicarbonato de sódio – bagunça garantida, e uma ótima oportunidade para conversar sobre química e sobre como a interação de alguns elementos pode transformá-los por completo, resultando em **explosões**!

Ingredientes:
- massinha de modelar ou papel machê;
- garrafa PET;
- água morna;
- 2 colheres de sopa de bicarbonato de sódio;
- 6 gotas de detergente;
- corante vermelho (opcional).

Modo de fazer:

Corte o bico da garrafa PET. Usando-a como base, encha até a metade de água morna e misture o detergente, o bicarbonato e o corante. Em volta da garrafa, faça um modelo cônico do vulcão. Recomendamos fazer isso com massinha ou papel machê. Quando tudo estiver pronto, basta despejar um pouco de vinagre dentro da boca do vulcão para que a "lava" comece a jorrar!

Dica: para minimizar a bagunça, coloque o vulcão dentro de um recipiente, como uma caixa de papelão ou um Tupperware.

Confira 5 atividades científicas para fazer com as crianças. *EBC*, Brasília, DF, 22 jun. 2016. Disponível em: https://memoria.ebc.com.br/infantil/para-pais/2016/06/confira-5-atividades-cientificas-para-fazer-com-criancas. Acesso em: 2 fev. 2022.

a) Agora, assinale as alternativas corretas.

☐ O texto narrativo conta a história dos vulcões que já entraram em erupção.

☐ O texto instrucional ensina, passo a passo, como fazer um experimento que imita um vulcão em erupção.

☐ **Ingredientes**, **Modo de fazer** e **Dica** são partes que separam o texto para facilitar as orientações.

b) Releia em voz alta as palavras destacadas do texto e assinale a alternativa correta.

experimento   explodindo   explosões

☐ Nas três palavras, o **x** representa o som de **s**.

☐ Em apenas uma das palavras, o **x** representa o som de **s**.

☐ Em duas das palavras, o **x** representa o som de **s**.

4. Leia as palavras do quadro. Depois, complete as frases utilizando-as.

> máxima   próximo   trouxe   aproximar   auxiliar

a) Mamãe _____ muitas flores para vovó.

b) Precisamos de um ajudante para nos _____ nessas tarefas.

c) Felipe viu o cão se _____ enquanto colocava sua ração no pote.

d) Pediu ajuda ao rapaz que estava _____ a ele.

e) Talita tirou a nota _____ na prova de ciências.

5. Leia a manchete retirada de um *site* de notícias.

PANDEMIA APROXIMOU IDOSOS DE ASILO: SE APAIXONARAM E SE CASARAM EM MG

Pandemia aproximou idosos de asilo: se apaixonaram e se casaram em MG. *Só Notícia Boa*, [s. l.], 25 fev. 2021. Disponível em: https://www.sonoticiaboa.com.br/2021/02/25/pandemia-aproximou-idosos-asilo-apaixonaram-casaram-mg/. Acesso em: 3 fev. 2022.

a) Localize e circule, na manchete, uma palavra que é escrita com **x** representando o som de **s**.

b) Sublinhe no texto uma palavra escrita com **x**, na qual ele não representa o som de **s**.

> **Manchete** é o nome dado ao título principal de uma notícia.

c) Assinale a alternativa que indica a principal intenção dessa manchete.

☐ Ensinar a organizar um casamento durante pandemias.

☐ Chamar a atenção dos leitores do portal para a matéria da qual ela é título.

☐ Evidenciar um experimento científico com pessoas idosas.

☐ Emocionar o leitor por meio de rimas.

Palavras com x representando o som de cs

1. Escreva o nome dos objetos representados pelas imagens e leia as palavras em voz alta. Em qual delas a letra **x** representa o som de **cs**? Marque um **X** na imagem.

☐ _____

☐ _____

2. Pinte os quadrados das palavras em que o **x** representa o som de **cs**.

☐ experiência   ☐ fixo   ☐ saxofone   ☐ fluxo
☐ conexão   ☐ xale   ☐ xícara   ☐ boxe
☐ axila   ☐ complexo   ☐ oxigênio   ☐ lixo
☐ xampu   ☐ xará   ☐ puxar   ☐ látex

3. Leia em voz alta as palavras abaixo. Depois, copie-as na tabela.

extinção   tórax   auxílio   proximidade   trouxe
crucifixo   reflexo   excluir   texto

X com som de S	X com som de SS	X com som de CS

CAPÍTULO 25

GRAMÁTICA

Verbo

Leia o trecho de uma história e observe as palavras destacadas.

> Meia hora depois de iniciada, a chuva **ficou** furiosa. Num instante, era um temporal. O aguaceiro **descia** torrencialmente, e não havia entre aquelas pessoas lembrança da última vez em que viram tanta água descendo de uma vez. [...]
> Portas e janelas foram fechadas para que as pessoas não se molhassem. Entre expressões de espanto e incredulidade, **choveu**, choveu, choveu. Durante horas a fio, choveu.

Ferruccio Verdolin Filho. *Mundinho*. São Paulo: FTD, 2009. p. 43.

As palavras destacadas no texto são **verbos**.

A palavra **descia** indica uma **ação**.

A palavra **ficou** indica um **estado**.

A palavra **choveu** indica um **fenômeno da natureza**.

> **Verbo** é uma palavra que indica ação, estado ou fenômeno da natureza.

ATIVIDADES

1. Complete as frases com verbos.

a) O vendedor _____ os produtos.

b) A veterinária _____ os animais.

c) A professora _____ as lições.

d) O arquiteto _____ casas e edifícios.

e) A costureira _____ vestidos.

2. Observe as imagens e escreva as ações correspondentes.

a) _____

b) _____

c) _____

d) _____

e) _____

f) _____

3. Escreva o verbo correspondente às expressões.

a) dar pulos _____

b) dar gritos _____

c) dar sorrisos _____

d) dar beijos _____

e) fazer viagens _____

f) praticar corridas _____

139

4. Complete o texto com os verbos do quadro a seguir.

conta   mostram   escreveu   ensinam   usa   resolvem   falam

TRAPALHADAS DO VILÃO FAKE NILSON _____ A IDENTIFICAR *FAKE NEWS*

Livro e *podcast* _____ a luta do Esquadrão Curioso contra as mentiras disfarçadas de notícia

Para ajudar as crianças a entenderem o que, afinal, são as *fake news* de que os adultos tanto _____, o escritor Marcelo Duarte _____ um livro. "Esquadrão Curioso – Caçadores de *Fake News*" _____ a história de um grupo de amigos da mesma escola, que _____ desvendar juntos as notícias falsas que aparecem nas redes sociais.

[...]

Marcella Franco. Trapalhadas do vilão Fake Nilson ensinam a identificar *fake news*. *Folha de S. Paulo*, São Paulo, 15 jan. 2021. Disponível em: https://www1.folha.uol.com.br/folhinha/2021/01/trapalhadas-do-vilao-fake-nilson-ensinam-a-identificar-fake-news.shtml. Acesso em: 28 abr. 2022.

5. O objetivo principal do texto é:

☐ descrever um super-herói.

☐ relatar fatos que são mentiras.

☐ combater as *fake news*.

☐ apresentar um livro para crianças sobre *fake news*.

ORTOGRAFIA

Palavras com x representando o som de z

1. Circule as palavras das frases em que o **x** representa o som de **z**.

　a) Exageraram no sal desta coxinha.
　b) A atriz exerceu seu papel com excelência.
　c) O exame apontou o nível de oxigênio no sangue.
　d) Exibiram no museu um crucifixo antigo.
　e) Todos acharam que a excursão foi um grande êxito.
　f) O exército executará os exercícios na sexta-feira.

2. Forme palavras seguindo as setas. Depois, copie as palavras formadas nas linhas.

　a)

　　exa → me _____
　　　　　→ minar _____
　　　　　→ minador _____

　b)

　　exis → tir _____
　　　　　→ te _____
　　　　　→ tência _____

　c)

　　exi → bir _____
　　　　　→ bido _____
　　　　　→ bição _____

　d)

　　exe → cutar _____
　　　　　→ cutado _____
　　　　　→ cução _____

3. Observe as imagens e crie uma frase empregando a palavra destacada nos quadros.

a) exausto

_____

_____

_____

b) exato

_____

_____

_____

c) exemplar

_____

_____

_____

d) exercício

_____

_____

_____

e) exame

_____

_____

_____

Palavras com x representando o som de ch

1. Circule os objetos cujos nomes são escritos com a letra **x** representando o som de **ch**.

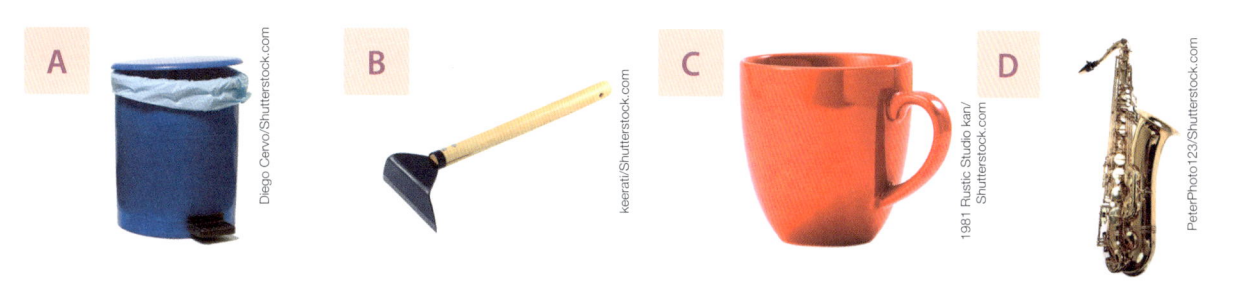

A   B   C   D

2. Complete as palavras com **x** ou **ch**. Observe a letra destacada na primeira palavra de cada linha.

a) **ch**uva   _____uvarada   _____uvisco   _____over   _____oveu

b) pei**x**e   pei_____ada   pei_____aria   pei_____inho

c) cai**x**a   cai_____ote   cai_____inha   cai_____ão   encai_____otar

d) li**x**o   li_____eiro   li_____eira   li_____arada

e) bru**x**a   bru_____aria   bru_____inha

f) **ch**ave   _____aveiro

g) **ch**á   _____aleira

h) me**x**er   me_____ido   me_____eu

i) dei**x**a   dei_____ar   dei_____ou   dei_____ado

3. Complete as palavras com **x** ou **ch** e, em seguida, copie-as na coluna correta.

a) quei_____o

b) bo_____e_____a

c) _____erife

d) fle_____a

e) _____iado

f) _____ampu

Palavras com X	Palavras com CH

CAPÍTULO 26

GRAMÁTICA

Tempos verbais

Leia as frases a seguir e observe os verbos destacados.

- Gilberto **pula** o buraco.
  (O ato está acontecendo agora – **presente**.)
- Timóteo **comeu** todas as frutas.
  (O ato já aconteceu – **passado**.)
- Nádia **chegará** à escola.
  (O ato ainda vai acontecer – **futuro**.)

O verbo muda de forma conforme o **tempo** em que está flexionado.

> São três os **tempos do verbo**: presente, passado (ou pretérito) e futuro.

O tempo **presente** indica fatos que estão acontecendo agora, neste momento.

O tempo **passado** (ou **pretérito**) indica fatos que já aconteceram antes, ontem ou em outro dia do passado.

O tempo **futuro** indica que os fatos provavelmente ainda vão acontecer depois, amanhã ou em outro dia do futuro.

Para saber a qual tempo o verbo se refere, é importante prestar atenção em sua terminação. Veja:

Gilberto pul**a** o buraco.
Timóteo com**eu** todas as frutas.
Nádia cheg**ará** à escola.

ATIVIDADES

1. Escreva em que tempo estão os verbos nas orações a seguir.

a) Eu lavarei a louça. _____

b) Eu ando de bicicleta. _____

c) Marcos viajou de ônibus. _____

d) Laura doará os brinquedos. _____

e) O titio partiu o bolo. _____

f) A vovó conversa bastante. _____

2. Observe a rotina diária de Rafaela e complete as frases.

a) Ontem, Rafaela acordou, _____ os dentes, _____ banho, _____ seu lanche, _____ para a escola e _____ futebol com os colegas.

b) Hoje, Rafaela _____, escova os dentes, _____ banho, _____ seu lanche, _____ para a escola e _____ futebol com os colegas.

c) Amanhã, Rafaela acordará, _____ os dentes, _____ banho, _____ seu lanche, _____ para a escola e _____ futebol com os colegas.

3. Leia a carta e circule os verbos no passado.

Rapidópolis, 23 de maio.

Poeta,

Fiquei muito comovida com a sua carta.

Felpo querido, eu gosto de orelhas diferentes, acho que dão um charme interessante a um coelho. Principalmente você, que é poeta, devia se orgulhar de ser assim, especial.

Foi lindo e corajoso você confessar que tem alma de tartaruga, afinal, elas são cheias de sabedoria.

Já imaginou se você fosse um coelho com alma de urubu?

Lembra daquele ditado que diz: Urubu infeliz, quando cai de costas, quebra o nariz? Isso sim seria azar...

Bem, Felpo, agora admiro não só os seus poemas mas também a sua pessoa. Quando você quiser vir tomar chá comigo será muito bem-vindo.

Adoro cozinhar e fiquei curiosa para conhecer os bolinhos de chocolate da sua avó. Você poderia me mandar a receita?

Beijos

Charlô

Eva Furnari. *Felpo Filva*. São Paulo: Moderna, 2006. p. 27.

- Agora, complete a tabela:

Nome do remetente (quem envia a carta)	
Nome do destinatário (quem recebe a carta)	

ORTOGRAFIA

Emprego do til

> O **til** (~) é colocado sobre as vogais **a** e **o** para lhes dar um som brando, nasal, isto é, um som que sai parte pela boca e parte pelo nariz.

1. Leia o trecho de uma fábula a seguir e circule as palavras com **til**.

O cão e o leão

Um cão decidiu visitar a floresta e ver o que podia encontrar por ali. Ele nunca estivera na floresta antes e não conhecia grande parte dos animais que nela viviam. Isso não o preocupava. [...]

Pouco demorou para ele avistar um leão caminhando à sua frente. Esse era o primeiro leão que o cão já vira na vida. Isso de modo algum o preocupou. Ele pensou que logo iria capturar o grande animal.

Por algum tempo, o cão seguiu o leão pela floresta. Então, começou a correr e preparou-se para pular sobre o outro animal. [...]

Por um momento, os dois animais se encararam. Então, o leão abriu a boca e rugiu.

O cão jamais ouvira um som tão terrificante. [...] Então, se virou e correu.

Correu para fora da floresta com toda a rapidez possível, o coração disparado de medo. [...]

Moral: "Brinque com quem não conhece e veja o que lhe acontece".

Graeme Kent. *Fábulas de Esopo*. [Adaptado da obra de] Esopo. São Paulo: Loyola, 1991. p. 8-10.

2. Ligue os personagens da fábula às suas características.

   a) leão   parecia ser valente, mas era medroso.
   b) cão   parecia ser valente e era valente.

3. Ligue cada palavra à imagem que a representa.

   a) maçã

   maca

b) manha

manhã

4. Assinale a alternativa que completa a frase adequadamente. Depois, copie a palavra na lacuna.

a) Disseram para ter cuidado com os _____ no mar.

☐ tubarões   ☐ leão   ☐ bastões

b) Compramos o _____ para o churrasco.

☐ sabão   ☐ piões   ☐ carvão

c) Fomos ao cinema com as nossas _____.

☐ pães   ☐ mães   ☐ capitães

d) Ao final da festa, estouramos os _____.

☐ vilões   ☐ visões   ☐ balões

5. Encontre e circule no diagrama cinco palavras que contenham **til**.

C	C	I	D	A	D	Ã	O	E	Ã	O	H
B	Y	Ç	A	L	U	E	D	H	K	M	A
O	W	K	Q	P	B	H	F	Õ	S	P	V
T	P	M	E	X	I	L	H	Ã	O	N	I
Ã	I	D	P	W	E	F	H	K	A	P	Ã
O	N	D	B	Ê	N	Ç	Ã	O	E	Ã	O
Õ	H	O	H	J	G	U	P	Ã	O	S	E

148

CAPÍTULO 27

GRAMÁTICA

Primeira conjugação

Leia o trecho da fábula e observe as palavras destacadas.

> No fim da trilha da cutia, no alto da floresta, tinha uma vista linda e boa para **observar** toda a mata e seus movimentos. Além disso, dava para **ficar** de olho na aldeia dos homens, bem no fundo, divisando com o horizonte. Foi lá que Iauaretê teve a ideia de **levantar** uma tapera – uma pequena casinha – para morar.
> [...]

Kaká Werá Jecupé. *As fabulosas fábulas de Iauaretê*. São Paulo: Peirópolis, 2007. p. 12.

As palavras destacadas são **verbos**. Os verbos podem terminar em **ar**, **er** ou **ir**.

Os verbos que terminam em **ar**, como os exemplos **observar**, **ficar** e **levantar** do texto, são da **1ª conjugação**.

Quando os verbos se apresentam em seu "estado natural" (terminados em **ar**, **er** ou **ir**), dizemos que estão no modo **infinitivo**.

Observe como se conjuga um verbo da **1ª conjugação** na tabela abaixo:

ENCONTRAR		
Presente	**Passado ou Pretérito**	**Futuro**
Eu encontro	Eu encontrei	Eu encontrarei
Tu encontras	Tu encontraste	Tu encontrarás
Ele/Ela/Você encontra	Ele/Ela/Você encontrou	Ele/Ela/Você encontrará
Nós encontramos	Nós encontramos	Nós encontraremos
Vós encontrais	Vós encontrastes	Vós encontrareis
Eles/Elas/Vocês encontram	Eles/Elas/Vocês encontraram	Eles/Elas/Vocês encontrarão

ATIVIDADES

1. Ligue os verbos conjugados às formas verbais do infinitivo correspondentes.

| comprei | cozinhamos | visitaremos | estudam | desenharão | trabalhou |

| estudar | comprar | desenhar | cozinhar | trabalhar | visitar |

2. Leia o trecho da história, em que a personagem Lelete ganha um quarto só para ela.

> Quem não tinha entusiasmo com o quarto novo era sua própria dona. Morria de medo de dormir sozinha. Era medo dos fantasmas e dos bichos que pudessem entrar no aposento [...].
> — Tudo por causa da cômoda! Foi ela que deu na mãe vontade de fazer quarto separado, quarto de moça — resmungava Lelete, sentada num toco, no terreiro.
> [...]

Tiago de Melo Andrade. *O segredo do papagaio amarelo*. São Paulo: FTD, 2012. p. 27.

a) Por que Lelete tem medo de dormir sozinha?

_____

b) Quem conta a história?

☐ A própria Lelete.

☐ A mãe da Lelete.

☐ Um narrador que observa o que acontece.

3. Releia o trecho da história e faça o que se pede.

a) Copie os verbos que estão no infinitivo.

_____

b) Qual desses verbos no infinitivo pertence à 1ª conjugação?

_____

4. Complete as frases ligando os pronomes aos verbos correspondentes.

Dica: observe que a conjugação verbal é diferente para cada pronome.

a) Eu   brincamos ontem.

b) Eles   brinco hoje.

c) Nós   brincarás amanhã.

d) Ela   brincarão amanhã.

e) Tu   brinca hoje.

5. Passe as frases do passado para o futuro, mudando a conjugação do verbo.

a) Eu preparei um bolo de frutas.

_____

b) Nós conversamos com o professor.

_____

c) O navio explorou os mares e regressou.

_____

d) Elas almoçaram com você?

_____

6. Complete os textos com as formas conjugadas dos verbos indicados entre parênteses.

a) Nós _____ atrasados porque o carro _____. (chegar – passado; quebrar – passado)

b) João _____ para a praia porque _____ do mar. (viajar – futuro; gostar – presente)

c) Eu _____ as portas, mas a Mônica sempre _____ as portas abertas. (fechar – passado; deixar – presente)

d) Meus pais sempre _____ cedo, mas ontem _____ tarde. (levantar – presente; acordar – passado)

e) Lia _____ um piquenique no parque e _____ as amigas. (organizar – passado; chamar – passado)

ORTOGRAFIA

Onomatopeias

> **Onomatopeias** são palavras que usamos para imitar algum som.

1. Observe as imagens abaixo e ligue cada uma delas à onomatopeia que melhor a representa.

a) b) c) d)

Cabruuum   Buááááá   Muuuu   Zzzzzz

2. Leia a tira e responda ao que se pede.

Mauricio de Sousa. *O amor está no ar*. Porto Alegre: L&PM, 2015. p. 8.

a) Por que o Cebolinha está rindo?

_____

b) Leia as onomatopeias abaixo retiradas da tira e escreva o que elas representam.

AH, AH, AH, AH, AH, AH, AH! _____

TÉIM _____

c) O contorno em volta da onomatopeia **TÉIM** no primeiro quadrinho indica um som:

☐ alto.   ☐ baixo.

CAPÍTULO 28

GRAMÁTICA

Segunda conjugação

São da **2ª conjugação** os verbos que, quando estão no modo infinitivo, terminam em **er**. Veja alguns exemplos:

cor**rer**   mor**der**   tre**mer**

Observe como se conjuga um verbo da **2ª conjugação** na tabela abaixo:

COMER		
Presente	Passado ou Pretérito	Futuro
Eu com**o**	Eu com**i**	Eu com**erei**
Tu com**es**	Tu com**este**	Tu com**erás**
Ele/Ela/Você com**e**	Ele/Ela/Você com**eu**	Ele/Ela/Você com**erá**
Nós com**emos**	Nós com**emos**	Nós com**eremos**
Vós com**eis**	Vós com**estes**	Vós com**ereis**
Eles/Elas/Vocês com**em**	Eles/Elas/Vocês com**eram**	Eles/Elas/Vocês com**erão**

Usa-se **am** no passado – comer**am**.
Usa-se **ão** no futuro – comer**ão**.

ATIVIDADES

1. Leia o trecho a seguir e complete as lacunas com os verbos em parênteses conjugando-os no tempo passado.

> _____ (acontecer) então, num dia como os outros: o Pássaro _____ (abraçar) a Menina, e ele sentiu nas costas da Menina algo que nunca sentira.
>
> "Menina, o que é isso?", ele perguntou. Ela _____ (enrubescer) e _____ (responder): "Asas, pequenas asas... Estão crescendo nas minhas costas...". [...]

Rubem Alves. *O Menino e a Borboleta Encantada e O lobo e o falcão.* São Paulo: Loyola, 2007. p. 10.

2. Releia o texto e faça o que se pede.

   a) Sublinhe o trecho que contém a fala da Menina.

   b) Copie o verbo usado para introduzir a fala do Pássaro. _____

   c) Copie o verbo usado para introduzir a fala da Menina. _____

   d) Copie os verbos da 2ª conjugação. _____

3. Crie frases para cada imagem nos tempos verbais indicados.

   a)

Passado: _____

Presente: _____

Futuro: _____

   b)

Passado: _____

Presente: _____

Futuro: _____

4. Reescreva as frases passando os verbos para o futuro, conforme o modelo.

> Isabela **colheu** as flores para enfeitar a mesa.
> Isabela **colherá** as flores para enfeitar a mesa.

a) Eu recebi meus amigos em casa no sábado.

_____

b) Você vendeu seu *video game*?

_____

c) Ele aprendeu com os erros que cometeu.

_____

d) Nós escolhemos um livro para ler nas férias.

_____

e) Lara torceu pelo seu time na competição.

_____

5. Assinale a alternativa que completa a frase e escreva-a no espaço em branco. **Atenção**: o verbo escolhido deve ser da 2ª conjugação e adequado para o contexto da frase.

a) A classe _____ a nova professora amanhã.

☐ ocorrerá ☐ entregará ☐ conhecerá

b) Nós _____ pelo parque ontem.

☐ corremos ☐ esquecemos ☐ jogamos

c) O Juliano e a Maíra _____ sempre com caneta azul.

☐ apagam ☐ escrevem ☐ pintam

d) Tu _____ o torneio merecidamente.

☐ falaste ☐ ganhou ☐ venceste

ORTOGRAFIA

Abreviaturas

> **Abreviatura** é a forma reduzida de algumas palavras. Para formá-la, podem ser usadas as primeiras letras ou a primeira letra da palavra combinada com outras letras que a componham.

1. Circule as abreviaturas no texto das imagens e escreva a palavra que cada uma delas representa.

a) _____   b) _____   c) _____

2. Complete as lacunas com as abreviaturas das palavras entre parênteses.

a) _____ Roberto é um excelente pediatra! (Doutor)

b) Faço aniversário dia 5 de _____ (janeiro)

c) O _____ Alberto e a _____ Lourdes são meus vizinhos. (Senhor/Senhora)

3. Leia o diálogo a seguir e circule as abreviaturas. Depois, assinale a alternativa **incorreta**.

☐ O diálogo parece ter sido escrito por meio de um aplicativo de mensagens.

☐ As formas abreviadas das palavras são utilizadas para escrever mais rápido.

☐ Foram usadas abreviaturas para prolongar o diálogo.

CAPÍTULO 29

GRAMÁTICA

Terceira conjugação

Os verbos que terminam em **ir** pertencem à **3ª conjugação**. Veja alguns exemplos:

abr**ir**   part**ir**   sorr**ir**

Observe como se conjuga um verbo da **3ª conjugação** na tabela abaixo:

DIVIDIR		
Presente	Passado ou Pretérito	Futuro
Eu divid**o**	Eu divid**i**	Eu divid**irei**
Tu divid**es**	Tu divid**iste**	Tu divid**irás**
Ele/Ela/Você divid**e**	Ele/Ela/Você divid**iu**	Ele/Ela/Você divid**irá**
Nós divid**imos**	Nós divid**imos**	Nós divid**iremos**
Vós divid**is**	Vós divid**istes**	Vós divid**ireis**
Eles/Elas/Vocês divid**em**	Eles/Elas/Vocês divid**iram**	Eles/Elas/Vocês divid**irão**

Usa-se **am** no passado – dividi**ram**.
Usa-se **ão** no futuro – dividi**rão**.

ATIVIDADES

1. Leia o texto e faça o que se pede.

> [...]
> O menino João, de oito anos, e sua irmã Aninha, de sete, subiram na casa da árvore. Eles descobriram que ela estava cheia de livros.
> João e Aninha logo notaram que a casa da árvore era mágica. Ela podia levá-los para os lugares descritos pelos livros que eles encontraram. Bastava apontar para uma ilustração e formular o desejo de estar naquele lugar.
> [...]
>
> Mary Pope Osborne. *A noite dos ninjas*. São Paulo: Farol Literário, 2013. *E-book*.

a) Circule os verbos do trecho.

b) Copie do trecho os dois verbos que são da 3ª conjugação.

_____

c) Escolha um desses dois verbos e conjugue-o no passado e no futuro.

Passado	Futuro
Eu _____	Eu _____
Tu _____	Tu _____
Ele/Ela/Você _____	Ele/Ela/Você _____
Nós _____	Nós _____
Vós _____	Vós _____
Eles/Elas/Vocês _____	Eles/Elas/Vocês _____

2. Releia o texto e identifique:

a) o cenário em que ocorre a história.

_____

b) os personagens envolvidos.

_____

c) o fato que vai dar início à história.

_____

3. O que você acha que acontecerá na história depois do episódio narrado?

_____

_____

4. Crie uma frase para cada situação. Observe a imagem (personagem), o verbo (ação) e o tempo (passado, presente e futuro).

a) latir (presente) b) sorrir (passado) c) partir (futuro)

a) _____

b) _____

c) _____

5. Ligue os termos corretamente para formar frases, conforme o exemplo. Depois, escreva as frases completas.

a) Eu   repartem   na viagem para a praia.
b) Elas   assistimos   a lição de casa.
c) Nós   dirigirá   o lanche no recreio.
d) Meu pai   corrigi   ao filme ontem.

a) Eu corrigi a lição de casa.

b) _____

c) _____

d) _____

ORTOGRAFIA

Emprego de am e ão

> Usa-se **am** quando o verbo está conjugado no **passado**.
> Usa-se **ão** quando o verbo está conjugado no **futuro**.

1. Leia a manchete e observe o verbo sublinhado no título.

VACINAS CONTRA COVID-19 <u>CHEGARÃO</u> EM TODO O PAÍS

Vacinas contra covid-19 chegarão em todo o país. *EBC*, Brasília, DF, 19 jan. 2021. Disponível em: https://tvbrasil.ebc.com.br/brasil-em-dia/2021/01/vacinas-contra-covid-19-chegarao-em-todo-o-pais. Acesso em: 30 abr. 2022.

a) Que fato a manchete informa?

___

b) O fato informado já aconteceu ou ainda acontecerá?

___

c) Como ficaria a manchete, se o fato já tivesse acontecido?

___

2. Use **P** para indicar se a ação ocorreu no passado e **F** para indicar se ela ocorreu no futuro.

a) ☐ Eles jogaram voleibol na quadra da escola.

b) ☐ Meus avós jantarão conosco amanhã.

c) ☐ Lucas e Camila tocarão violino no recital.

d) ☐ As professoras devolveram as atividades corrigidas.

CAPÍTULO 30

GRAMÁTICA

Sujeito e predicado

Leia a frase:

> As crianças leem o livro na escola.

Podemos dividir essa frase em duas partes principais: **sujeito** e **predicado**.

Sujeito (quem?): **As crianças**

Predicado (o que fazem?): leem o livro na escola.

> **Sujeito** é a pessoa, animal ou objeto sobre o qual informamos algo.

Para achar o sujeito, perguntamos **quem** ou **o quê** ao **verbo**. O sujeito pode estar no singular ou no plural.

— Quem lê o livro na escola? **As crianças (sujeito da oração)**.

> **Predicado** é a informação sobre o sujeito.

É o predicado que indica a ação feita por uma pessoa, animal ou objeto. Para saber qual é o predicado, pergunte ao sujeito **o que ele fez**, **faz** ou **fará**.

— O que as crianças fazem? **Leem o livro na escola (predicado da oração)**.

No exemplo, **ler** é a ação e **o livro** é o objeto que sofre a ação.

ATIVIDADES

1. Observe cada imagem e complete as frases inserindo o sujeito.

a) _____
dormem tranquilamente.

b) _____
adoram brincar juntos.

c) _____
lê o livro de histórias.

d) _____
gosta de jogar futebol.

2. Sublinhe o sujeito das frases, circule o predicado e complete a tabela.

Dica: identifique o verbo e pergunte **o quê?** ou **quem?** para descobrir o sujeito.

a) Um gato dorme no tapete.
b) Marcos é um garoto estudioso.
c) Um cãozinho apareceu lá em casa.

	Sujeito	Predicado
a)		
b)		
c)		

3. Use as informações da notícia a seguir para completar o quadro.

PESSOA MAIS VELHA DO MUNDO, JAPONESA CELEBRA 119 ANOS EM CASA DE REPOUSO

[...] Kane Tanaka celebrou neste domingo seu aniversário de 119 anos em uma casa de repouso [...]. Seu *status* foi reconhecido pelo livro de recordes Guinness em março de 2019.

[...]

A expectativa de vida no Japão, uma das nações que mais envelhece no mundo, atingiu 87,74 anos para mulheres e 81,74 para os homens.

Pessoa mais velha do mundo, japonesa celebra 119 anos em casa de repouso. *O Globo*, Rio de Janeiro, 3 jan. 2022. Disponível em: https://oglobo.globo.com/mundo/epoca/pessoa-mais-velha-do-mundo-japonesa-celebra-119-anos-em-casa-de-repouso-1-25339392. Acesso em: 30 abr. 2022.

Sujeito	Predicado	
Uma japonesa	celebrou	
	vive	em uma casa de repouso.
O livro de recordes		seu *status*.
A expectativa de vida no Japão		87,74 anos para mulheres e 81,74 para homens.

4. Releia a notícia e assinale **V** para verdadeiro e **F** para falso.

a) ☐ A notícia pode interessar a muitas pessoas.

b) ☐ A notícia não é importante porque é comum as pessoas chegarem aos 119 anos.

c) ☐ O título contém a informação principal da notícia.

d) ☐ O sujeito da frase que compõe o título é **celebra 119 anos em casa de repouso**.

e) ☐ O predicado da frase que compõe o título é **celebra 119 anos em casa de repouso**.

5. Observe as imagens e monte uma frase para cada uma delas utilizando os itens dos quadros. Você deverá conjugar os verbos nos tempos verbais: passado, presente ou futuro.

Sujeito			
O pai e a filha	Vitor e seu tio	Yasmin e Giovana	O grupo de atores

Predicado	
Verbos	apresentar montar
	preparar assistir
Complementos	o musical no teatro.
	a salada para o almoço.
	ao filme na sala de casa.
	a barraca para o acampamento.

a) _____

_____

b) _____

_____

c) _____

_____

d) _____

_____

ORTOGRAFIA

Prefixos

> **Prefixo** é um pequeno conjunto de letras que colocamos no início de uma palavra com a intenção de alterar o significado dela.

1. Observe as imagens e complete as lacunas com os prefixos do quadro abaixo.

in-   des-

a) feliz   _____feliz

b) organizado   _____organizado

2. Ligue os prefixos aos itens para formar novas palavras. Escreva as palavras formadas nas linhas ao lado de cada item.

extra-   avô _____

im-   conforto _____

bis-   possível _____

in-   ligar _____

des-   justiça _____

re-   terrestre _____

165

CAPÍTULO 31

GRAMÁTICA

Parônimos

Observe as imagens e leia em voz alta o verbo que elas representam.

O que essas palavras têm de semelhante e de diferente?

Ambas são parecidas na pronúncia e na escrita, mas **soar** significa "emitir som" e **suar** significa "transpirar".

Palavras que têm pronúncia e escrita parecidas, mas significados diferentes, são chamadas de **parônimos**.

Veja alguns exemplos de parônimos:

acento – sinal gráfico usado em vogais	**assento** – local em que é possível sentar
cavaleiro – quem anda a cavalo	**cavalheiro** – homem gentil, educado
comprido – com grande extensão	**cumprido** – feito, realizado
comprimento – extensão	**cumprimento** – saudação
descrição – ato de descrever	**discrição** – ser discreto, reservado
emergir – trazer, vir à tona, aparecer	**imergir** – mergulhar, afundar
recreação – diversão	**recriação** – ato de recriar
seção – parte, divisão	**sessão** – reunião, espaço de tempo

ATIVIDADES

1. Complete as frases utilizando a palavra parônima mais adequada.

   a) pião / peão

   • O _____ quase caiu do cavalo.

   • Eu brinco com o meu _____.

   b) descrição / discrição

   • O jornalista fez uma _____ cuidadosa da cena do filme.

   • A _____ é uma importante característica para um advogado.

2. Observe as imagens e complete cada frase com a palavra correta.

   cavaleiro   comprido   cavalheiro   cumprido

   a)

   Trecho _____. Dever _____.

   b)

   Ele é um _____. Ele é um _____.

ORTOGRAFIA

Sufixos

Sufixo é um pequeno conjunto de letras que colocamos ao final de uma palavra com a intenção de alterar o significado dela.

Exemplo: flor ⟶ florista, floreira, florido

1. Junte a parte destacada das palavras dos quadros aos sufixos abaixo das imagens e escreva as novas palavras formadas.

a) **peix**e

-ada   -aria   -eiro

b) **papel**

-ada   -aria   -ão

2. Circule em cada grupo de palavras o par que possui o mesmo sufixo.
   a) bibliotecário - livraria - dentário - estudante
   b) chuvisco - chuva - marinheiro - marisco
   c) espelho - esperança - amizade - confiança
   d) florescer - anoitecer - colorir - plantar

RECORDANDO O QUE VOCÊ APRENDEU

1. Leia as dicas e descubra o nome de cada criança. Depois, ligue o nome delas às imagens corretas.

Eduardo   Heloísa   Thiago   Beatriz

Meu nome tem:	Meu nome tem:	Meu nome tem:	Meu nome tem:
7 letras	6 letras	7 letras	7 letras
3 consoantes	3 consoantes	4 consoantes	3 consoantes
4 vogais	3 vogais	3 vogais	4 vogais

2. Com base na atividade 1, assinale a afirmação correta acerca da quantidade de sílabas.

☐ A quantidade de sílabas é igual ao número de consoantes em todas as palavras.

☐ A quantidade de sílabas é igual ao número de letras.

☐ A quantidade de sílabas é igual ao número de vogais.

☐ A quantidade de sílabas é igual ao número de vogais somente em algumas palavras.

3. Complete a tabela com as palavras a seguir de acordo com a quantidade de sílabas. **Dica**: fale o nome de cada animal em voz alta para conferir o número de sílabas.

girafa   borboleta   leão   boi   elefante   hipopótamo
tigre   zebra   rã   macaco   jacaré   cão

Monossílabas	Dissílabas	Trissílabas	Polissílabas

4. Leia a página do diário de uma menina chamada Julieta e faça o que se pede.

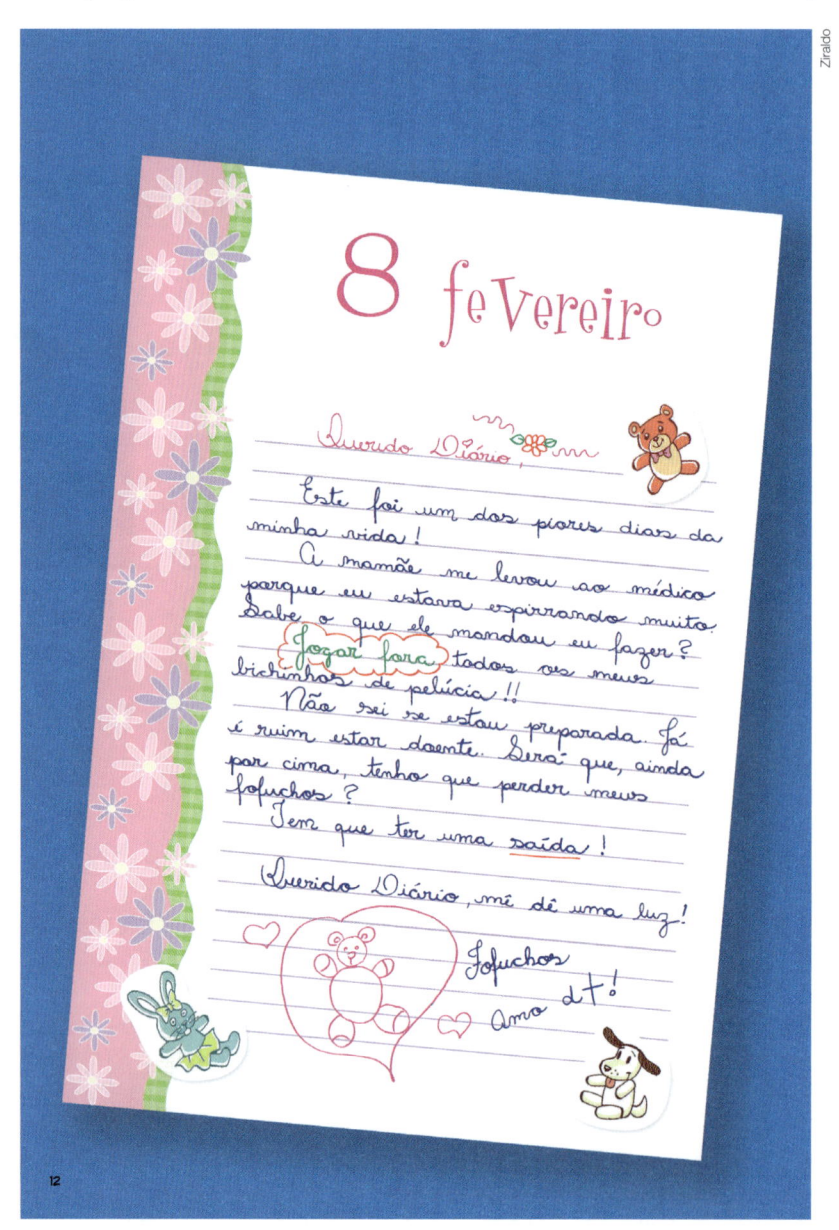

8 fevereiro

Querido Diário,

Este foi um dos piores dias da minha vida!

A mamãe me levou ao médico porque eu estava espirrando muito. Sabe o que ele mandou eu fazer? Jogar fora todos os meus bichinhos de pelúcia!!

Não sei se estou preparada. Já é ruim estar doente. Será que, ainda por cima, tenho que perder meus fofuchos?

Tem que ter uma saída!

Querido Diário, me dê uma luz!

Fofuchos
Amo d+!

Ziraldo. *Diário da Julieta*. 2. ed. São Paulo: Globo, 2010. p. 8. *E-book*.

a) Circule a data em que o texto foi escrito nesta página.
b) Sublinhe o nome do destinatário para quem a autora descreveu seu dia.
c) Faça um **X** nos parágrafos em que Julieta conta o que lhe aconteceu naquele dia.
d) Pinte de amarelo os parágrafos em que ela conta sua opinião sobre o fato.
e) Dê o sujeito e o predicado da frase a seguir:

"A mamãe me levou ao médico"

_____

_____

5. Encontre e circule no diagrama o nome dos seres e objetos representados pelas imagens.

E	M	P	A	D	A	Y	G	K	I	B
D	G	L	O	T	B	I	R	T	P	A
E	B	O	M	B	E	I	R	A	Y	N
P	Â	O	Z	X	U	D	P	L	E	C
O	L	B	A	L	A	N	Ç	A	W	O
M	M	B	H	R	K	I	Ç	O	U	D
B	R	V	L	A	N	T	E	R	N	A
A	E	E	J	K	B	N	Z	R	E	C
P	B	L	A	R	A	N	J	A	F	J

- Agora, rescreva esses nomes dividindo-os em dois grupos: palavras com **m** e palavras com **n**.

m _____

n _____

6. Acentue as palavras e classifique-as conforme a regra de acentuação.

a) gamba
b) pe
c) cafe
d) ja
e) robo
f) la
g) voce
h) po
i) guarana
j) pa

Monossílabos tônicos terminados em A, E, O: _____

Oxítonas terminadas em A, E, O: _____

7. Leia a cantiga, circule os encontros vocálicos e sublinhe os encontros consonantais.

Fui ao Tororó

Fui ao Tororó
Beber água e não achei
Encontrei bela morena
Que no Tororó deixei.

Aproveita minha gente
Que uma noite não é nada
Quem não dormir agora
Dormirá de madrugada.

Cantiga.

- Agora, escreva as palavras conforme a classificação.

Encontro vocálico

_____

Encontro consonantal

_____

8. Complete corretamente as palavras colocando **c** ou **ç**.

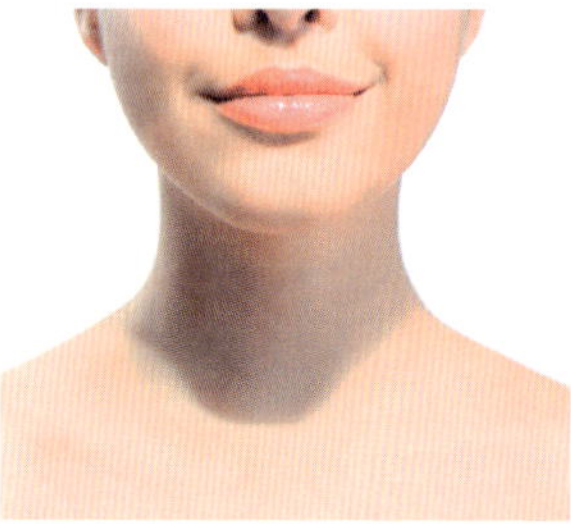

a) carro _____ a

b) pesco _____ o

c) capa _____ ete

d) ba _____ ia

e) pa _____ oca

f) _____ ebola

9. Siga as dicas para descobrir que palavra do quadro corresponde a cada item.

> japonês   piano   tricô   cano   maracujá   sabonete
> pé   computador   sim   papel   rápido   trás

a) Polissíbaba
   Oxítona
   Não é acentuada

   _____

b) Trissílaba
   Paroxítona
   Não é acentuada

   _____

c) Dissílaba
   Oxítona terminada em O
   Acento circunflexo

   _____

d) Monossílaba
   Terminada em S
   Acento agudo

   _____

e) Trissílaba
   Oxítona terminada em S
   Acento circunflexo

   _____

f) Dissílaba
   Oxítona terminada em L
   Não é acentuada

   _____

g) Polissílaba
   Paroxítona
   Não é acentuada

   _____

h) Monossílaba
   Terminada em E
   Acento agudo

   _____

i) Trissílaba
   Proparoxítona terminada em O
   Acento agudo

   _____

j) Dissílaba
   Paroxítona
   Não é acentuada

   _____

k) Polissílaba
   Oxítona terminada em A
   Acento agudo

   _____

l) Monossílaba
   Terminada em M
   Não é acentuada

   _____

10. Complete a tabela conforme a posição da sílaba tônica das palavras a seguir.

sofá   árvore   limão   orelha   pente   pássaro

Oxítonas	Paroxítonas	Proparoxítonas

11. Observe o cartaz e assinale **V** para as afirmações verdadeiras e **F** para as falsas.

Cartaz de campanha do Greenpeace Brasil. Disponível em: https://www.facebook.com/GreenpeaceBrasil/posts/10156272769907543/. Acesso em: 3 maio 2022.

a) ☐ A árvore caída no chão confirma a mensagem presente no *slogan*.

b) ☐ A floresta fotografada comprova que o meio ambiente não corre perigo.

c) ☐ A palavra **sem** é um parônimo de **cem**.

d) ☐ A imagem procura mostrar que o meio ambiente está seguro.

e) ☐ O *slogan* adverte aos leitores que o meio ambiente deve ser protegido.

f) ☐ As palavras escritas em laranja são repetidas no *slogan* para reafirmar a necessidade de proteger as florestas.

12. Complete o quadro com os adjetivos referentes aos substantivos destacados no texto.

> **Quer adotar um cachorro de pequeno porte? Confira como é cada raça**
>
> [...]
> Os **cães** pequenos são definidos como machos e fêmeas de todas as raças que, uma vez atingida a idade adulta, não excedem 10 kg de peso. [...]
> [...]
> Sem sombra de dúvida, os **cachorros** de pequeno porte são adoráveis e irresistíveis (algumas raças estão entre os cães mais inteligentes), mas nem todos os animais que pertencem a raças pequenas têm uma **personalidade** tranquila. Tal como as pessoas, também vêm com personalidades diferentes, por isso, antes de adotar o seu pequeno e bonito **parceiro de vida**, é uma boa ideia descobrir exatamente se é compatível com as suas necessidades e o seu *lifestyle*.

Quer adotar um cachorro [...]. *Metrópoles*, Brasília, DF, 30 set. 2020. Disponível em: https://www.metropoles.com/colunas-blogs/e-o-bicho/quer-adotar-um-cachorro-de-pequeno-porte-confira-como-e-cada-raca. Acesso em: 3 maio 2022.

Substantivos	Adjetivos
cães	
cachorros	
personalidade	
parceiro de vida	

13. Rescreva as frases abaixo conjugando os verbos nos tempos indicados.

a) Eu e meus amigos compramos o ingresso do jogo. (futuro)

_____

b) Receberei minha encomenda pelo correio. (passado)

_____

14. Complete as frases com ponto final, ponto de exclamação ou ponto de interrogação. Depois, indique o tipo de frase.

a) Renato não quer brincar conosco ___

☐ frase declarativa afirmativa
☐ frase declarativa negativa
☐ frase interrogativa

b) Levei um susto quando você chegou ___

☐ frase declarativa afirmativa
☐ frase interrogativa
☐ frase exclamativa

c) Que horas são ___

☐ frase interrogativa
☐ frase exclamativa
☐ frase declarativa negativa

d) Estudamos até a hora do almoço ___

☐ frase exclamativa
☐ frase declarativa afirmativa
☐ frase interrogativa

15. Use os sinais de pontuação do quadro para completar a piada.

— ? . :

A professora pergunta ___
___ Joãozinho, arroz é com S ou Z ___
Joãozinho responde ___
___ Aqui na escola eu não sei, mas lá em casa é com feijão ___

Piadas edição 363. *Gazeta de Votorantim*, Votorantim, 10 maio 2020. Disponível em: http://www.gazetadevotorantim.com.br/ler-coluna/2848/piadas-edi--o-363.html. Acesso em: 28 maio 2022.

16. Observe as imagens e crie um predicado para os sujeitos das frases.

a) Os alunos _____
_____.

b) Cristina e sua filha _____
_____.